監修者——佐藤次高／木村靖二／岸本美緒

［カバー表写真］
章懐太子李賢墓壁画

［カバー裏写真］
百済金銅大香炉

［扉写真］
広開土王碑

世界史リブレット7

東アジア文化圏の形成

Lee Sungsi
李 成市

目次

自明ではない「東アジア」の歴史と文化

東アジア世界、東アジア文化圏というように、「東アジア」を冠してこの地域の歴史や文化を呼称することは、最近の日本ではかなり一般化してきている。

とくに一九八〇年代にはいり、韓国・台湾・香港・シンガポールといった、いわゆるNIES▲の驚異的な経済発展の動向に促されて、この地域にたいして漢字文化圏、儒教文化圏、中国文化圏といった呼び方がなされ、一つの文化圏としての「東アジア」が注目されるようになった。

そうした動きにともなって、この地域の経済的・社会的発展の背景は、漢字、儒教という文化的同一性に求めることができるのではないかという議論がにわかにかまびすしくなった。とりわけ、これまで近代化にとって否定的要因とし

▼NIEs　新興工業経済地域(Newly Industrializing Economies)の略。韓国・台湾・香港・シンガポールの四カ国・地域をさす。一九八八年のトロントサミットで、それまで一〇カ国あったNICs(新興工業諸国・地域　一九七九年命名)を改称し、引き続き経済発展を維持している上記の四カ国・地域の呼称として用いた。

てとらえられてきた儒教が、経済発展の要因として再評価され、これらの地域内の相違よりも、文化圏としての同一性が強調され始めた。

しかしながら、「東アジア」(東亜細亜)という用語そのものは、一歩、日本をでてみれば、それほど流通性のある言葉ではないことがわかる。数年前までは韓国や中国では書籍や論文でも、ほとんど眼にすることはなかった。国際的な規模でみれば、歴史や文化を議論の対象とするときに、「東アジア」は必ずしも自明の枠組みではないのである。

もともと「東アジア」という言葉の由来は、「東アジア」にとって外部の人たちであるヨーロッパ人によって命名された便宜的な地域枠組みであった。そうしてみると、「東アジア」という地域は、自明の地域、固有の文化圏というよりは、日本人によって、ある時代に構成された地域概念というように自覚しておいたほうがよいかもしれない。

戦後の日本では、日本の歴史の展開や文化の形成を、「東アジア」という地域と関連づけて検討する試みがさかんになされてきた。ところが、韓国・北朝鮮(朝鮮民主主義人民共和国)では、「東アジア」という地域のなかで朝鮮史・朝鮮

●―現代の東アジア、東南アジア

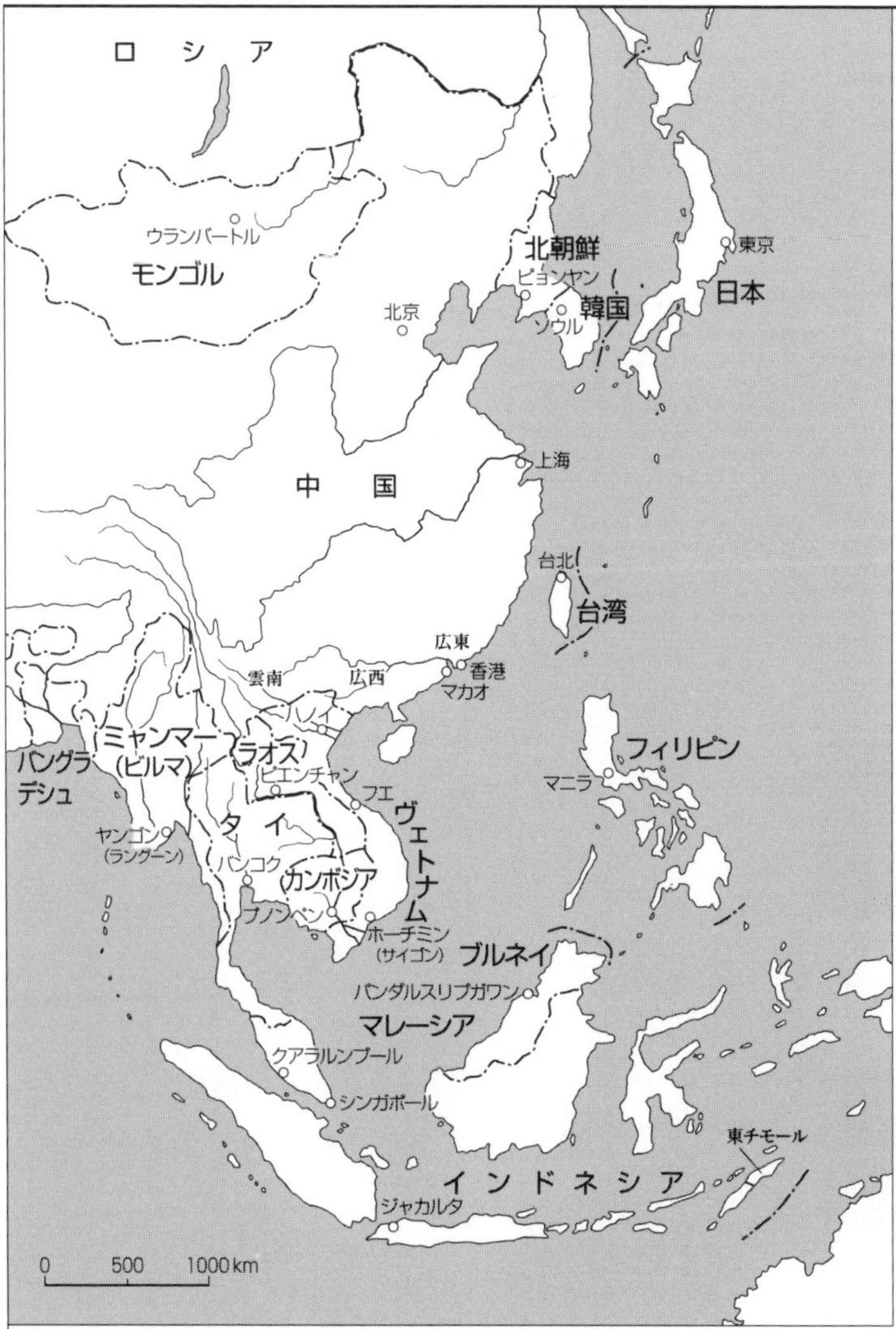

文化を位置づけるような視点はあまりみられない。むしろ、日本から発せられる「東アジア」という枠組みそのものにたいする不信感と警戒心は、想像以上に大きい。たとえば、若い研究者からは、東アジア文化圏と大東亜共栄圏▲とは、どこがどのように違うのかという質問をしばしば受けるほどである。また、あとに述べる「東アジア世界論」にたいしては、かつて植民地時代に、朝鮮の歴史と文化の独自性を否定するイデオロギーであった「満鮮一体論」や「日韓一域論」のように、ふたたび「東アジア」のなかに朝鮮史、朝鮮文化を埋没させるのかという危惧の声すら聞くことがある。

ところで、「東アジア」という一国を越えた広域のなかで歴史や文化を論じることは、戦後の日本においては、独善的に日本史を孤立化させてきた戦前の研究を克服するために、新たに始まった学問的な試みといってもよい。それはまた、戦後日本のおかれた国際環境とも深くかかわっていた。さらに、いまや国境を越えて、ヒトやモノが激しく移動し、その流れは加速度を増し、国家の枠組みが政治や経済をこれまでのように強く拘束するものではなくなってきている。こうした現実の急激な変化もあって、あらためて一国を越えた歴史の見方

▼**大東亜共栄圏**　アジア太平洋戦争期にアジア侵略を正当化するために日本が唱えたスローガン。日本の主導によるアジアの秩序圏域の構想であり、日本本国・植民地を中心に、中国や東南アジアなどの諸地域を加えた領域をさす。

に注目が集まるようになってきた。

だがその一方で、私たちは一国史から歴史をみることにあまりに慣れ親しんでおり、人類の過去を、成立して百数十年しかたっていない近代国家の枠組みにあわせてみてきたことにすら気づいていない。「日本史」や「日本文化」もこうした枠組みのなかで形成され、語られてきたのである。しかし、さきに述べたような急激な変化のなかで、従来の歴史や文化の見方が人類史のある一面を強調してきたに過ぎず、それによって見落とされてきた事実が少なくないことに留意するようになってきた。いうまでもないことだが、近代に成立した国家の領域や、その領域の人びと(国民)が単位となって、これまでの長い人類の歴史が展開されてきたわけではないから、当然のことでもある。

東アジア文化圏の形成を考えるということは、たんに歴史が展開した空間を、日本から東アジアへと拡げるとか、国際関係や文化交流を重視するといったようなことではない。これまで考えてきたような一国史の枠組みを相対化し、そうした歴史の見方を解き放とうとする試みでもある。

ただ、東アジア文化圏の形成を、そのような一国史観を乗り越えようとする思惑のもとで構想することは、いまだ十分に検討されているわけではない。いわば構想途上の枠組みでもある。これまで積み重ねられてきた議論を検討しながら、東アジアの歴史と文化を認識する、より有効な枠組みとして鍛えていかなければならない。

本巻では、東アジア文化圏とはなにか、それはどのような歴史的な背景のもとで研究の対象となったのか、ということから説き起こすことによって、東アジア文化圏の形成がなにを問いかけようとする枠組みなのかをまず明らかにしてみたい。そのうえで、東アジアいう歴史的世界の特質はなにか、そこで文化圏はどのように形成されたのか、という具体的な問題について述べてみたい。

①—世界としての東アジア文化圏

東アジア文化圏とは

　朝鮮半島・日本列島・インドシナ半島のヴェトナム地域(以下では、とくに断らないかぎり、朝鮮・日本・ヴェトナム・中国を地域名称として用いる)は、かつてコミュニケーションの手段としての漢字を共有し、それを媒介にして儒教・律令《りつりょう》・漢訳仏教といった中国に起源する文化を受容した。中国の中心部を含め、これらの地域を、西嶋定生《にしじまさだお》氏▲は「東アジア文化圏」と規定した。

　西嶋氏によれば、東アジア文化圏とは、つまるところ漢字文化圏であるという。しかしこのようにいわれても、現在の韓国・北朝鮮・ヴェトナムなどの諸国をみるかぎり、なかなか実感はわかないかもしれない。

　というのも、今日の朝鮮では、まず北朝鮮で朝鮮固有の文字であるハングルの専用化が進められ、韓国もまた、現在では北朝鮮と同様に、ハングル専用に到達しつつある。新聞、雑誌、一般書籍はもちろんのこと、日常生活で漢字を眼にすることはまれである。しかしながら、たとえあらゆる文字がハングルで

▼**西嶋定生**(一九一九〜九八)　東洋史学者。戦後日本の東洋史学の発展を主導し、三三年にわたり東京大学において研究、教育に従事した。東アジア関係以外の主著に『中国経済史研究』『中国古代の社会と経済』『中国古代帝国の形成と構造』などがある。

ハングルの看板が林立するソウルの町並み

表記されていたとしても、韓国語の語彙《ごい》の七〇%は漢字語であるともいわれている。六%の外来語をも差し引けば、固有語の割合はそれほど多くはないことになる。

また、現在でこそ国字の位置をしめるハングルは、かつて十五世紀中ごろに表音文字として創製され公布されたものの、その後も漢字が正式な文字とされ、公的文書はすべて漢字・漢文で表記されていた。公文書にハングルが用いられるようになったのは、一八九四年以降のことである。

一方、ヴェトナムでも、現在ではローマ字で表記しているが、日常会話で用いられる語彙の六〇%は漢字語であり、新聞の論説や学術雑誌の記述などは、七〇%を超えるともいわれている。

そもそもヴェトナム人がローマ字を使い始めたのは、この地にカトリックの布教が始まり、フランスの宣教師ローデスが考案して教徒社会で用いられた十七世紀末ごろといわれる。その使用者はごく少数であって、一般にローマ字表記が普及したのは二十世紀になってからである。正式に国語を表記する文字となったのは一九四五年以降であった。それまでは、正式の文字は漢字であり、

ヴェトナム、ハタイ省崇厳寺　仏像の周囲に儒者像が安置されている。

公文書はすべて漢文で書かれた。

このようにみると、現在でこそ漢字を使用しなくなった朝鮮・ヴェトナムにおいても、漢字文化のなかで長い歴史を生きてきたことがわかる。こうした意味で、この地域を漢字文化圏とするならば、当然のことながら、そこに日本を加えることができるであろう。そうすると、もともと漢字と無縁であった一定の地域に、漢字が伝播・受容され、それらが長期にわたって用いられ、定着していったとみることができるし、そうした地域を特定の文化圏とみなすことはそれほど無理のない考え方であるといえよう。

まずこれらの地域において、いったん漢字の受容がなされると、それだけにとどまらず漢字を媒介にして、中国の学術文化・制度・思想を学び、儒教、政治制度としての律令、漢訳仏典に基づく仏教もまた伝播・受容されたといった事実は容易に理解できる。

実際に、朝鮮・ヴェトナム・日本では、孔子に始まる政治理念および家族道徳を規制する思想体系である儒教を、なんらかのかたちで受容し、それを利用している。

また、律令とは、国家の法体系、すなわち刑罰体系を主とした律と、国家の機構や人民にたいする租税や土地制度などの規定を中心とする令とからなる法体系である。これにもとづく政治機構は古代中国で形成され、隋・唐時代に完成の域に達したといわれるが、朝鮮・ヴェトナム・日本においても、中国の律令を斟酌《しんしゃく》して、さまざまなかたちでこれを継受するとともに、それにもとづく政治機構をつくりあげた点で共通している。

仏教は、いうまでもなくインドに発生したものであり、中国独自のものではない。しかし中国に受容された仏教思想は、いち早く漢語に翻訳された。中国仏教は大乗仏教であり、国家仏教としての性格が強いことを特徴としているが、朝鮮・ヴェトナム・日本は、漢訳仏典を経典としており、それをとおして仏教を受容したのであった。

こうしてみてくると、確かに朝鮮・ヴェトナム・日本といった地域には、漢字・儒教・律令・漢訳仏教を歴史的に共有してきたことを、ひとまず認めることができるだろう。

西嶋定生氏はこのような事実を重視し、中国を中心にしたこれらの地域を、

●八連城跡出土渤海二仏並座像　渤海五京の一つ東京龍原府(中国吉林省琿春県八連城)より出土。琿春地域にのみある凝灰岩製の仏像で、北魏以来の法華信仰に高句麗の民俗信仰が混入して誕生したとみて、制作年代を高句麗末とする見解もある。東京大学所蔵。写真は複製(斎藤寛昭氏蔵)。

●瑞山摩崖三尊像　忠清南道瑞山郡雲山面にある百済の摩崖三尊仏。縦、横三メートルの岩面を整えて如来立像、菩薩立像、半跏思惟菩薩座像を浮き彫りにする。写真は中央に立つ如来像。六〇〇年ころの作と推定される。

●仏国寺多宝塔　八世紀半ばに建立された新羅の大刹・仏国寺の大雄殿の前に配された石塔。塔身の技巧、屋蓋の手法、形の大小の均衡など、その技法は花崗岩でつくられていながらも木造建築のような優美さをもつ。高さ一〇・四メートル。

「東アジア文化圏」と規定したのである。あらためていうまでもないが、東アジア文化圏の地域設定と、その地域を規定する具体的な要素は一致している。

文化圏を形成した政治構造

それではなぜ、中国に起源する漢字文化・儒教・律令・漢訳仏教は、朝鮮・ヴェトナム・日本といった、ある特定の地域で受容され、文化圏を形成するまでにいたったのだろうか。かりに通俗的な文明論に立てば、水が高いところから低いところへと流れていくのと同じように、高度な文明が周辺に拡散していったのは自然であると考えるかもしれない。あるいは、中国に起源する文化に普遍性があったがゆえに、周辺の諸民族に受容されるようになったとみられるかもしれない。

しかしながら、地域的には朝鮮・ヴェトナム・日本は中国周辺の一部を占めているに過ぎず、それらの地域に漢字・儒教・律令・仏教は受容されたかもしれぬが、その一方で、同じ中国王朝周辺の地域に位置しながらも、まったく拒絶したところや、一時的に伝播・受容しても定着しなかった地域は広範囲におよぶ。

たとえば、チベット民族の居住地には、六世紀末から七世紀前半にかけて、それまでの氏族連合小国群のなかから統一王国・吐蕃《とばん》▲が誕生した。この吐蕃は当初、唐に留学生を送って、統治技術や文化を摂取しながら法律を定め、古代国家としての諸制度を整備した。また唐の仏教をも受容した。しかし、七世紀前半には固有のチベット文字を使用し始めており、漢字を定着させそれを用いるというようなことはしなかった。

とくに注目されるのは、吐蕃では八世紀後半からインド仏教を積極的に受容し、九世紀前半には大蔵経のチベット語訳をほとんど完成させていたことである。これは朝鮮・ヴェトナム・日本において正式に固有の言語で翻訳しなかったのとは大きなちがいである。また、チベットでは国制や法制度においても、唐の影響を受けなかったわけではないが、その民族的色彩が濃厚であり、律令の編纂もおこなわれていない。

このように同じく中国の周辺の地域でありながら、中国文化の受容に差が生じたとすれば、ある特定の地域に文化圏が形成される事情は、いかなるもので

▼吐蕃　七世紀はじめから九世紀中ごろにかけてチベットに成立した古代統一王国。この国を中国側は吐蕃と呼び、この名は十四世紀中ごろまでチベットの呼称として用いられた。支配層は遊牧生活を基本とし強大な軍事力をほこった。シルクロードを支配して国の経営を成り立たせることをめざして唐と戦い続け、その目標をとげた。

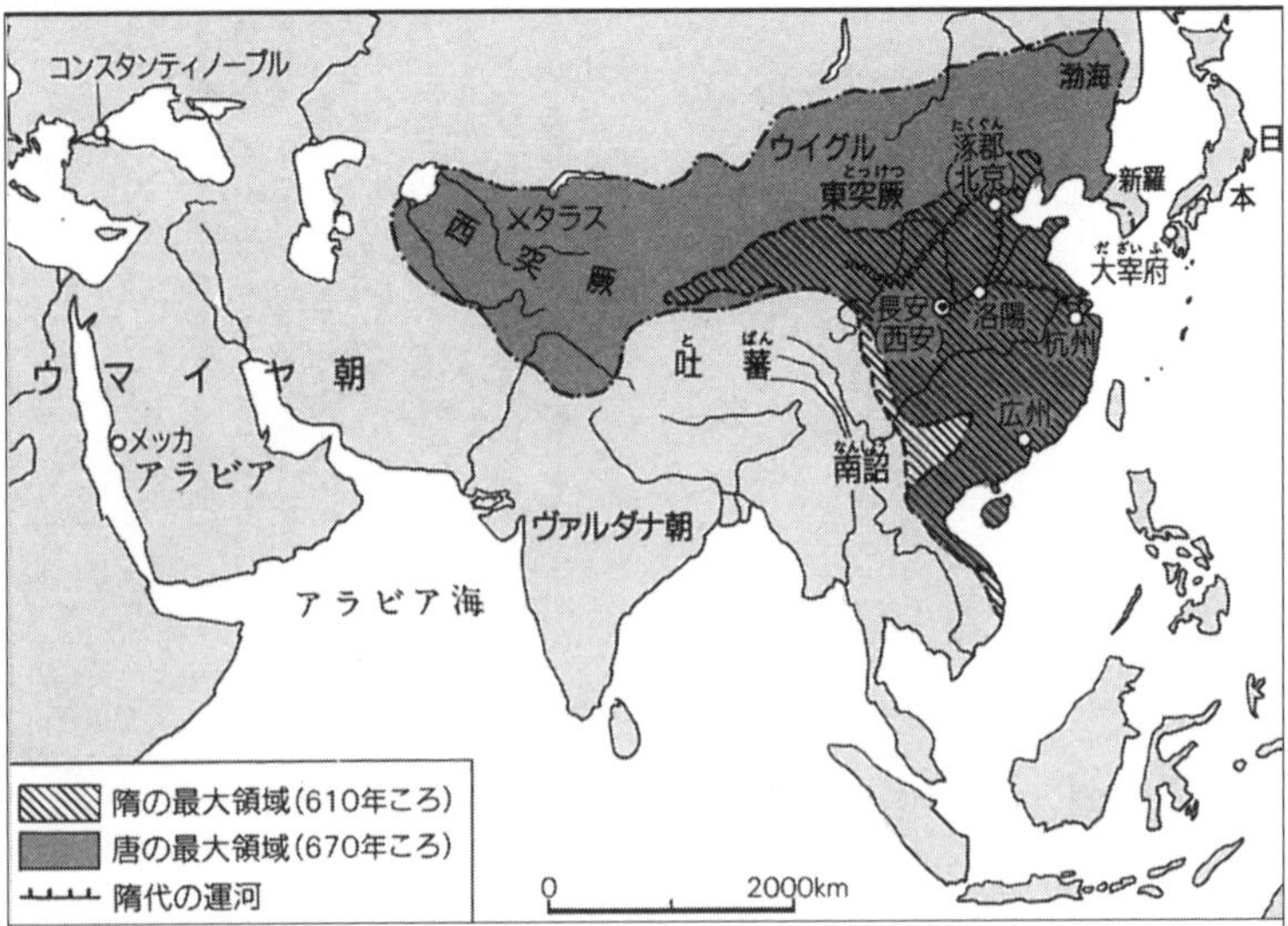

●—七世紀ごろの東アジア

●—文成公主　六四〇年に吐蕃王ソンツェン・ガンポに嫁した唐の皇女。このときの公主の降嫁は、中国文物が吐蕃に伝播する大きな契機となった。現在にいたるまで尊崇の対象となり、チベット仏教の尊像となっている。

あったのかを問題にしなければならないだろう。そこで、こうした中国文化圏を形成する条件として、西嶋氏は、中国を中心とする国際的な関係、周辺諸民族・諸国家との国際的な政治関係に着目したのである。

よく知られているように、近代以前における中国の政治支配のあり方に、封建制と郡県制という二つの形式があった。春秋時代以前には封建制があり、それが戦国時代以降に郡県制にかえられ、秦の始皇帝によって全国に施行された。郡県制とは、そこへ中央から官吏を派遣して直接支配するものであった。

ついで秦を滅ぼした漢王朝は、この郡県制とならんで、皇帝の一族や功臣などに、王とか侯といった爵位を授けて国という封土を与え封建制を復活させた。これが郡国制であり、この封建制の部分的復活によって、これを異民族の国家に適用して、周辺の国家の首長に、王とか侯という爵位を与えることで、中国皇帝と諸民族の首長が君臣関係を結ぶという形式が誕生することになった。

この場合、君臣関係といっても、中国王朝内部の君臣関係とは区別されるので、国内のものを内臣というのにたいして、周辺諸民族の首長を外臣といった。もともと中国内部の制度が、周辺諸民族の首長にまでおよぶことになったのである。このように中国の皇帝と、周辺諸民族の首長とのあいだに、官爵(官職・爵位)の授受を媒介にして結ばれる関係を、冊封《さくほう》体制と西嶋氏は名づけた。ここでいう冊封とは、官爵の授受のさいに、皇帝から与えられる冊命《さくめい》(任命書)によって封ぜられる任命行為にもとづいている。

ところで、こうした冊封体制を支えている政治思想は、中国に固有の中華思想(華夷思想)と王化思想であり、この点に留意が必要である。中華思想とは、中国が天下(全世界)の中心であるという意識であり、中国を中華とし周辺諸民族を夷狄《いてき》として、華夷を分離し中国のみ人間としての価値を認める思想である。ただし華夷の区別の基準は、民族や、国家構造の内外という区別でもなく、儒教の礼という観念にもとづくものとされる。礼とは人間の行為全般を規律する規範形式で、人びとの行動形態の正しきあり方として設定されたものである。

一方、王化思想は、中国の君主は徳を備えており、その徳化によって理想の秩序が実現するという思想である。この王化思想によって、中華思想でいったん分離された中華と夷狄との関係を、ふたたび結合させることを可能とする。中国と交通する周辺諸民族は、中国の皇帝の天子の徳を慕って来朝したものと解釈され、周辺諸民族に徳をおよぼすことによってその支配は広がってゆくことになる。その結果、皇帝の徳が、礼を知らない周辺諸民族（夷狄）を礼に従わせるようになる。

要するに、冊封関係の設定は、こうした王化思想に裏づけられていたことになる。したがって冊封した諸国に徳をおよぼし、これを徳化することは、いわば中国の君主の義務なのである。もともと禽獣《きんじゅう》に等しい夷狄が礼によって導かれるならば、それは王化のあらわれとなり、本来、夷狄である周辺諸民族は礼を慕って冊封を求めたものとされ、冊封とともに礼を受け入れるものとされる。たとえ、礼の受容者は、周辺諸民族の首長と一部の支配層に限られるにしても、ここに冊封を受けた国が中国文化を受容し、冊封関係が中国文化圏を形成するという道筋が形づくられることになる。

こうして東アジア文化圏＝中国文化圏は、中国を中心とした政治圏（冊封体制）と合致することになり、東アジア文化圏の形成とは、冊封体制という政治構造と、それを支える政治思想なくしてはありえないということになる。いいかえれば、東アジア文化圏は、中国の皇帝と周辺諸民族の首長とのあいだに形成された政治関係を基盤とするものであり、漢字をはじめとする中国文化の伝播ということは、この政治関係によってはじめて実現されるとみなされるのである。

そうすると、東アジア文化圏の形成は、冊封体制の成立や、これを支える政治思想の成立を前提とすることになるが、中国を中心とする国際関係の論理と形式が整うのは前漢の初期であった。すなわち、その具体的な例として、紀元前二世紀の初めに、現在の中国南部の広東・広西省からヴェトナム北部に勢力をもった趙佗《ちょうた》▲というものが南越《なんえつ》王に冊封されており、また、朝鮮半島東北部を支配していた衛満《えいまん》▲が朝鮮王に冊封されている。南越王と朝鮮王は、漢の皇帝である武帝と君臣関係をこのときに結んだことになる。

一方、日本列島でも、志賀島《しかのしま》から金印が出土し、これによって、北九州地方の小国の首長が後漢の光武帝から倭《わ》の奴《な》国王に冊封され、光武帝とのあいだに君臣関係を結んだことがわかった。「漢委奴国王」の五字を記した印章は、文書の伝送のために用いられるものであり、また、それはその身分を授けたことのしるしでもあった。後漢王朝は、倭奴国王に金印を下賜して、統属国とみなし、

▼趙佗（?～前一三七）　南越国の初代の王。もと南海郡竜川県令であったが、秦が滅ぶと、桂林、象郡をあわせて南越国をたて、武王と称して番禺（広東）に都した。やがて漢が興ると、高祖は南越を討つだけの余力がなかったために趙佗を南越王に冊封した。

▼衛満　燕の亡命者として紀元前一九五年に朝鮮に逃れた。朝鮮王・準の信頼を逆手にとって裏切り、王位を簒奪し王倹城（平壌）を都として、衛氏朝鮮を建国した。

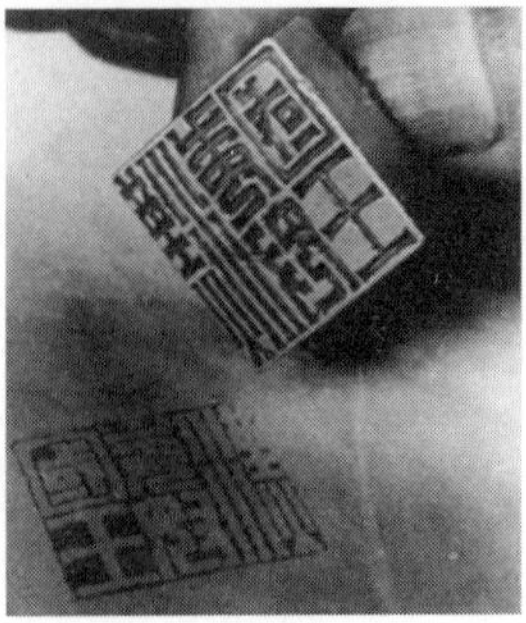

金印

以後の朝貢の場合に必要な国書の封印に、この金印を使用させようとしたのである。

このように、中国との国際関係を成立させ、これを維持するためには文書作成のために漢字を学び、漢文を解読し、さらにこれを作文しなければならなかった。国際的な契機を媒介として漢字の伝播がおこなわれたのであって、漢字文化圏(東アジア文化圏)の形成は、中国との国際関係を前提としてはじめて理解されるのである。

世界としての「東アジア」

以上のように、西嶋定生氏は、冊封体制という中国固有の政治秩序、国内秩序が周辺におよぼされ、その政治秩序にともなって中国文化が拡延されていく過程に注目し、東アジア文化圏の形成には、こうした政治構造が重要な役割を果たしていたことを明らかにした。中国に起源する諸文化は、中国王朝の政治権力ないし権威に媒介されることなしには、伝播され拡延されることもなかったのである。

ところで、西嶋氏にとって東アジア文化圏の設定とは、たんなる文化の伝播論ではない。なによりも日本の歴史を、世界史的観点から理解することをめざすものであった。ここでいう世界とは、地球規模の世界をさしているのではない。そもそも、この地球規模の世界は、人類の発生以来、はじめから一つであったわけではなく、世界の歴史が一つになって動くのは、大航海時代といわれた十五～十六世紀以後のことであった。さらにそれが緊密な結びつきをするのは、十九世紀以後のことである。それまでの世界とは、ヨーロッパ、アジア、アフリカ、アメリカ大陸というように、それぞれの地域に分かれて動いていたのである。したがって地理上の歴史が一つの世界になる以前には、それぞれの地域にそれぞれ独自な世界が存在していたことになる。

このように、一定の地域は、それぞれ独自の世界として、それなりの共通性と完結性とをもっていたという認識を前提に、それぞれの地域に展開された歴史の自己完結性を認め、そうした自己完結的な構造を「世界」と呼んで、そこにおけるさまざまな歴史事象を、そのような世界の歴史的な推移のなかで理解しようというのである。

そうすると、日本の歴史が一体化された世界のなかに位置づけられる以前には、日本もまた、これらの諸世界の一つの世界に属していたことになる。ここでいわれる一体化された世界の出現する以前に存在した諸世界とは、たとえば地中海世界、ヨーロッパ世界、南アジア世界、イスラム世界などがあげられる。これらの世界の特徴は、それぞれが独自の文化圏であるとともに、完結した政治構造をもっていたことにあるとされる。

すでにみたように、中国・朝鮮・ヴェトナム・日本を包含《ほうがん》する地域には、文化圏が形成され、これを西嶋氏は、東アジア文化圏と呼んだ。この文化圏は、文化が文化として独自に拡延して形成されたのではなく、その背景には独自の政治構造(冊封体制)が存在し、この政治構造を媒介として中国文化は拡延した。まさに、この文化圏と政治圏が一体となった自己完結的な世界を、西嶋氏は「東アジア世界」と呼んだのである。

したがって、西嶋氏が世界史的観点から日本の歴史を理解するというのは、日本の歴史が地球上を一つとする一体化された世界のなかに位置づけられる以前の、諸世界のなかの一つである、この東アジア世界に位置づけて理解することにほかならない。

重要なことは、東アジア文化圏とは、東アジア世界という歴史的世界の設定がその前提となっているという事実である。西嶋氏は、一体化された世界の歴史と、その前段階である諸世界とを截然《せつぜん》と分けて、そのような前段階にある東アジア世界に、日本の歴史を位置づけて理解することこそが、日本の歴史を、世界史的観点から理解することになるとして、ここに力点をおいている。このような問題意識を欠いては、東アジア文化圏の設定の意義はうすれてしまうのである。

日本の歴史を日本列島に局限することなく、中国大陸の歴史まで拡大して東アジア世界という歴史像を設定することは、日本の歴史を東アジア世界の歴史のなかに埋没させるというわけでは決してない。東アジア世界に、中国を中心とする共通の文化的性格が認められるというのは、諸民族の独自の変容を前提としながらも、その変容ないし独自性が中国文明とのかかわりによって現象したものであるということにほかならない。

しばしば誤解されるのだが、「東アジア文化圏」において文化的な共通性を論じることとは、それぞれの民族的特質を中国文化圏のなかに解消しようというのではない。むしろ中国文明という共通の母胎を認識することによって、それぞれのもつ民族的独自性を、さらにいっそう具体的に把握しようとすることなのである。

東アジア世界という歴史的世界の設定は以上のとおりであるが、つぎに、この東アジア世界の形成と推移の過程が問題となる。

歴史的世界としての東アジア世界は、中国史の展開にともなって形成され推移する。その起点は、すでに述べたように、漢代にいたって整備された政治思想(華夷思想と王化思想)と、郡国制という統治形態の出現を大きな契機とした。その後、東アジア世界が政治的にも文化的にも一体となって動いたのは、隋・唐時代において顕著であったとされる。この時期に、東アジア世界が自己完結的な歴史的世界として、自立的に機能していたとみなされている。そして、東アジア世界の構造が性格的に大きく変容するのが、十世紀初頭の唐の滅亡以後であった。すなわち、唐王朝の滅亡(九〇七年)以後には、東アジア世界の整一性は、政治の面でも、文化の面でもまったく失われてしまったかのように映る。

たとえば、唐の滅亡後に、渤海《ぼっかい》▲が滅亡し(九二六年)、さらに新羅が滅亡する(九三五年)。それまで中国王朝の直接支配を受けていたヴェトナムが中国王朝の支配を離脱して独立する。日本でも平将門《まさかど》・藤原純友《すみとも》の乱(九三五年)を契機に律令制が弛緩して社会状況が変容してゆく。

一方、文化現象としては、遼王朝で契丹《きったん》▲文字が創案され、日本では仮名文字が考案されて、いわゆる国風文化の時代をむかえる。中国の西北回廊地帯で起こった西夏《せいか》▲でも西夏文字が出現する。このように唐王朝の滅亡以後には、東アジア世界の整一性は、政治の面でも、文化の面でもまったく失われてしまったかのような状況を呈していることが理解される。

西嶋氏は、唐の滅亡によって、国際的な政治秩序としての東アジア世界(古代東アジア世界)は崩壊したと解し、これにかわって経済的交易圏としての東アジア世界が出現したとみなす。東アジア交易圏における貿易の拡大は、必然的に東アジア交易圏を拡大し、中国を中心として、朝鮮、日本、ヴェトナムなどとのあいだにおこなわれていた交易が、さらに東南アジアからインド方面に拡大されることになる。

▼渤海　六九八年に高句麗遺民、粟末靺鞨族によって建国される。その領域は、現在のロシア沿海州・中国東北地方・朝鮮半島北部にわたる。約二三〇年間存続し、唐や日本とも頻繁な交流をもった。新羅・日本と同様に、唐文化の影響を受けつつも独自の文化を花開かせ、唐人をして海東の盛国といわしめた。

▼契丹　シラ・ムレン川流域(内モンゴル自治区)を根拠地としていたモンゴル系の遊牧民。十世紀初に耶律阿保機があらわれ、周辺諸族の統合に成功すると年号を建て皇帝を称した。のちに中国風に遼と改められ、約二〇〇年にわたって存続した。

▼西夏　十一世紀から十三世紀にかけて中国西北部の寧夏を中心に、甘粛・オルドス地方・陝西北部にわたる地域を領有した国家。西夏を建てた拓跋氏は、タングート族に属すチベット系の民族。一〇三八年に一族の李元昊が皇帝を称し、国号を大夏といったが、中国側は西夏と呼んだ。儒教・仏教を基調とした西夏文化が栄え、それ以後一九〇年余り存続した。

契丹文字

西夏文字

▼勘合貿易　室町時代に遣明使が明でおこなった交易。明と日本がおこなった貿易は、明の皇帝が室町将軍を日本国王に冊封し、それにもとづいて朝貢がおこなわれ、そこで貿易がなされた。交易に勘合符が用いられたので勘合貿易という。

こうしていったん、国際的政治関係としての東アジア世界は崩壊したものの、政治的国際機構としての東アジア世界の再興は、十五世紀にいたり明王朝によって冊封体制と勘合貿易▲体制を結合させることによってはたされる。やがて勘合貿易体制そのものが崩壊したあとも、東アジア世界は存続し、明王朝から清王朝にかわると、さらにその範囲は拡大されたという。

このような東アジア世界が政治的にも経済的にも、また文化的にも崩壊するのは、十九世紀にいたってヨーロッパ資本が、東アジア世界におよんだときであった。これは東アジア世界の崩壊のみでなく、あらゆる地球上の諸世界が崩壊し、併存していた諸世界は「一つの世界」に転化統合される。これによって、二千年近くにわたった自律的な完結性をもつ歴史的世界としての東アジア世界は消滅したとみなされる。

②―東アジア世界論の有効性

地域としての「東アジア」

西嶋定生氏によって提唱された「東アジア文化圏」の設定と、そのような文化圏の形成を促した政治システムとしての「冊封体制」や、これらの文化圏と政治システムとが一体となった自己完結的な世界を意味する「東アジア世界」という枠組みは、一九七〇年代以降、日本の歴史学界においては広く共有されるところとなり、今日にいたっている。そしてこの東アジア世界論は、日本史、東洋史を問わず多大な影響をおよぼし、西嶋氏の議論を敷衍《ふえん》した多くの変奏をも生みだしていった。少なくとも前近代の「東アジア」を冠する歴史研究は、意識するとしないとにかかわらず、西嶋氏の東アジア世界論を前提としているといってよいであろう。

こうした今日の研究状況にあって、まずなによりも看過できない問題は、「東アジア」という地域の範囲、あるいは地域の規定性にたいする曖昧さである。たとえば、濱下武志氏は、「東アジア」の空間的範囲は十分に明瞭でないと指摘

●—八世紀ころの東辺諸国

シルカ川
アムール川
室
韋
嫩江
黒水（黒龍江）
黒水靺鞨
ハバロフスク
ウスリー川
越喜
鉄利
哈爾浜市
松花江
牡丹江
虞婁
第二松花江
牡丹江市
上京龍泉府（東京城）
吉林市
粟末
（シラムレン川）
黄水
扶余府
旧国（敦化）
ウラジオストク
契丹
渤
海
東京龍原府（八連城）
奚
西京鴨淥府（臨江）
中京顕徳府（西古城）
長白山
白
山
営州（朝陽市）
遼河
集安
鴨緑江
南京南海府（北青）
大同江
平壌
鉄關関門（徳源）
新
羅
登州
青山浦
赤山
慶州
野代
日
本
能登
福良津（福浦）
松原客館（敦賀）
平安京
平城京
大宰府
0
400km

し、東アジアの範囲と内的な相互関係をいかにとらえるかという問題の検証が必要であることを強調している。東アジア文化圏の形成を問題にしようというのに、もし「東アジア」という地域が規定できないとすれば、これでは議論すら始められないということになる。

地域としての「東アジア」の曖昧さは、西嶋氏の東アジア世界論が多くの論者に引き継がれ、多様な展開をもたらしたことにもよるが、また一方で、西嶋氏の議論自体のなかにも、「東アジア」の空間的範囲をとらえにくくしている要素がないわけではない。

まず提唱者である西嶋氏に直接かかわる後者の問題については、前述のように、西嶋氏は十世紀を東アジア世界の崩壊とみなし、これにかわって経済圏としての東アジア世界が誕生したとしている。この経済圏は、中国・朝鮮・日本・ヴェトナムをこえて東南アジア、インドにもおよぶとする。さらに明代に再興された東アジア世界は、清代にその範囲は拡大されたともいっている。東アジア世界の領域は、時代とともに変化するのである。実際に、西嶋氏は、その領域は流動的であって、固定的に理解すべきでないと明言している。

また、西嶋氏の議論から派生した前者の問題については、つぎのような例をあげることができる。すなわち、そもそも東アジア世界を秩序づけたとされる冊封体制とは、西嶋氏によれば、基本的には中国皇帝と周辺諸民族の首長とのあいだに官爵(官職・爵位)を媒介に結ばれた政治関係、君臣関係をさしていた。官爵を媒介とした関係こそが冊封体制を規定する内実として重視され、六世紀から八世紀までの中国諸王朝と「東辺諸国」(高句麗・百済《ひゃくさい》《くだら》・新羅《しんら》《しらぎ》・倭・渤海)といった諸国間の政治関係が実証的に検討され、それにたいして冊封体制なる名称が付されたのである。厳密にいうと、冊封体制は、限られた時代(六~八世紀)と地域(中国と東辺諸国)において検証され、理論化されたのであった。

こうした成果を前提に、対象とする地域を押し広げて、官爵を媒介とする関係だけでなく、さらに中国王朝との「朝貢▲」関係までをも含めて、時代も古代から清王朝にいたるまでの千数百年にわたる連綿とした「中華的世界秩序」ともいうべき秩序構造として、拡大した解釈がなされるにいたる。

たとえば、濱下武志氏は冊封体制の秩序構造を拡大解釈し、朝貢関係をも加えて清王朝を中心とした秩序構造を図式化して、これを「朝貢システム」と呼ん

▼朝貢　諸侯や周辺諸民族の首長あるいはその使者が貢物をもって中国の皇帝に拝謁すること。中国側はこうした来朝を、その地域に皇帝の徳がおよんでいるものとみなした。そこで官爵が賜与されれば、両者のあいだに政治的関係が成立することになるが、朝貢それ自体に、臣属、服属の意味があるわけではない。

でいる。「朝貢」と「冊封」とは本質的に異なるにもかかわらず、このような朝貢関係を政治的秩序として実体化し、さらに過去へ遡らせ、千数百年間にわたって機能した秩序とみなす。このような秩序構造を「東アジア」地域の特質とみれば、そのおよぶ地理的範囲は当然、はるかに拡がることになる。

これに関連して、アメリカの中国研究者であるジョン・キング・フェアバンク▲氏は、栗原朋信▲氏の秦漢璽印《じいん》▲の研究を理論的な枠組みとして、中国的世界秩序(Chinese World Order)が、どのように生まれ、発展したかを論じており、この「中国的世界秩序」については、西嶋氏の冊封体制論とともにしばしば引用される。栗原氏の研究を理論的基礎としている点では、西嶋氏の冊封体制もいわば同根の関係にあるが、興味深いのは、フェアバンク氏の絶筆となった『中国の歴史』は、中国史の展開のなかで繰り広げられた漢民族と内陸アジア諸民族との関係に注目し、中原と周辺の角逐が結果として中華支配体制を支える要素となったことを強調している。つまり、フェアバンク氏と西嶋氏はともに栗原氏が明らかにした中国固有の秩序構造にかんする理論を共有しながらも、内陸アジアがしめる比重にかなりの

▼ジョン・キング・フェアバンク（一九〇七〜九一）　アメリカの東洋学者。約四〇年にわたりハーヴァード大学に在職し、多くの中国史研究者を育てた。近代中国外交史を専門としたが、幅広い著作で知られている。日本に翻訳紹介されたものに市古宙三訳『中国』上・下、大谷敏夫他訳『中国の歴史』がある。

▼栗原朋信（一九〇九〜七九）　東洋史学者。中国を中心とする理念的な古代世界の構造に着目し、独自の研究領域を開拓した。三七年にわたり早稲田大学で研究・教育に携わる。主著に『秦漢史の研究』『上代日本対外関係の研究』がある。

▼璽印　漢代の印の制度によると、漢の皇帝が外臣の王に与える公印は、印文の上に「漢」字を冠し、下に「章」を付した(漢〇〇王章)。内臣の王は、上に「漢」字を冠することなく、下に「璽」字を附した(〇王之璽)。内臣の列侯もまた上に「漢」字を冠さないが、下に印字を附した(〇侯之印)。このように璽と印には格式上の区別があった。

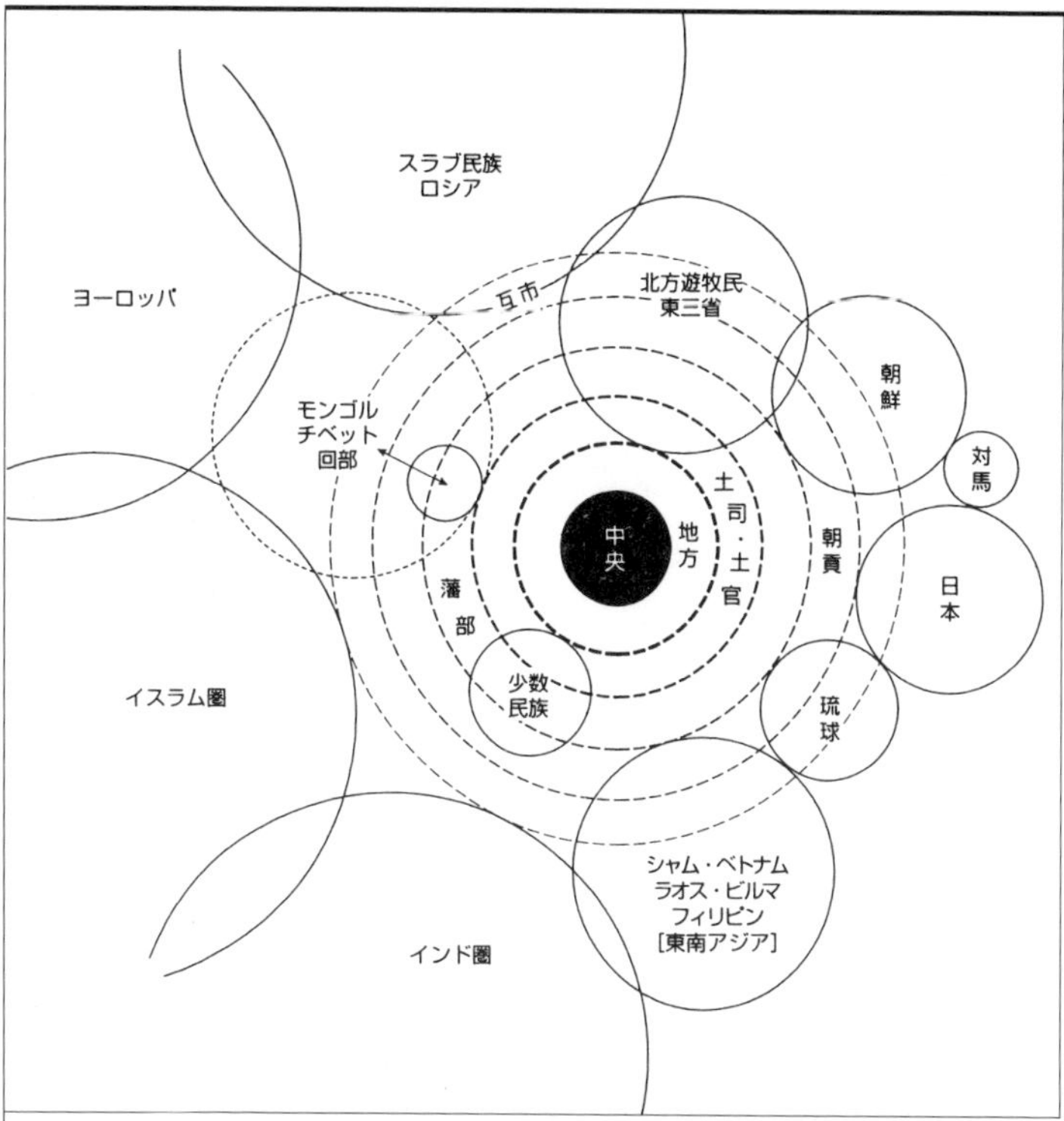

●—朝貢システム（濱下武志氏による）

●—遣唐使（東征伝絵巻、唐招提寺蔵）

差異がある。

いま一つ、「東アジア」という地域の曖昧さは、東アジア世界論とはまったく文脈を異にした地域概念として、明治以来、日本で「東アジア」が用いられてきた伝統にも起因すると思われる。

周知のように、戦前においては、東アジアは、「東亜」と表記されていた。「東亜」と「東アジア」は、同一語の別語表記であって、それはもともと、英語の East Asia の訳語であり、ヨーロッパあるいはアメリカから移入されたものである。その使用は明治期に始まるが、日本社会にしっかりと定着するのは「東亜協同体」、そして「大東亜共栄圏」といった構想が唱えられてからである。

日本の敗戦によって「東亜」は、しばらくのあいだ、言語空間から排除されたものの、日本の経済的復興と対外進出の再開とともに、「東アジア」といいかえることによってよみがえった。新たな現実が「東アジア」を要請したのである。ただ、そこでは「東亜」の領域から東南アジアは除かれていた。かつての「大東亜」には、フィリピン・「仏印(インドシナ)」・「蘭印(インドネシア)」までが含まれていたのにたいして、戦後の「東アジア」からは、この地域が除かれたところ

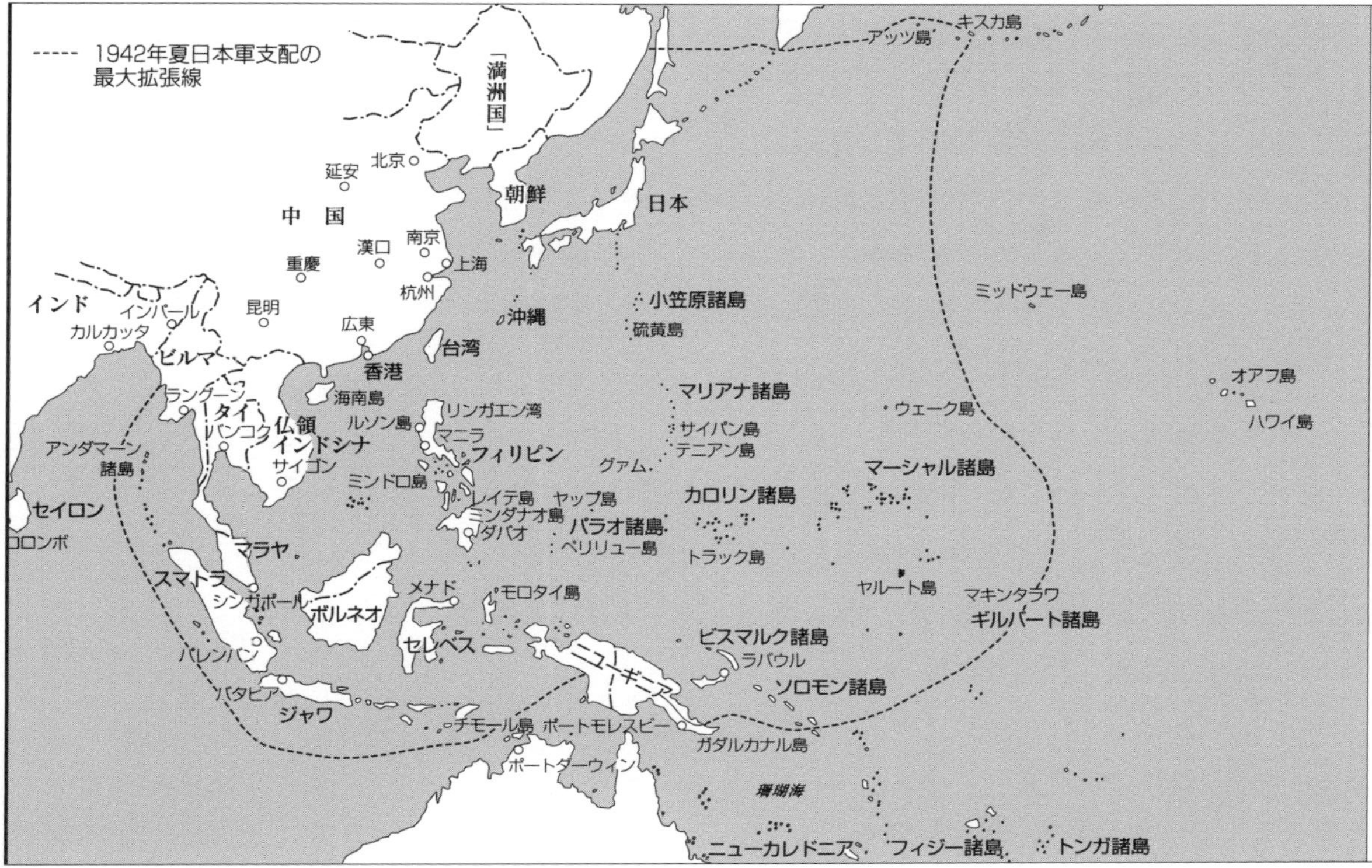

1942年夏日本軍支配の最大拡張線
「満洲国」
北京
延安
朝鮮
中国
日本
南京
漢口
上海
重慶
杭州
インド
インパール
昆明
小笠原諸島
沖縄
広東
カルカッタ
硫黄島
ビルマ
香港
台湾
ミッドウェー島
オアフ島
ハワイ島
海南島
マリアナ諸島
ラングーン
タイ
リンガエン湾
ウェーク島
ルソン島
マニラ
サイパン島
仏領インドシナ
バンコク
テニアン島
アンダマーン諸島
フィリピン
サイゴン
グアム
マーシャル諸島
ミンドロ島
カロリン諸島
レイテ島
ヤップ島
セイロン
ミンダナオ島
パラオ諸島
ダバオ
コロンボ
ペリリュー島
マラヤ
トラック島
スマトラ
メナド
ヤルート島
マキンタラワ
シンガポール
モロタイ島
ボルネオ
ギルバート諸島
ビスマルク諸島
セレベス
ニューギニア
パレンバン
ラバウル
ソロモン諸島
バタビア
ジャワ
チモール島
ポートモレスビー
ガダルカナル島
ポートダーウィン
珊瑚海
ニューカレドニア
フィジー諸島
トンガ諸島
アッツ島
キスカ島

●大東亜共栄圏

に大きな違いがある。このような経緯で再生した「東アジア」は、現実的な国際政治・経済の領域でそのまま用いられているとみてよい。日常の社会的文脈では、より一般的ではなかろうか。

こうしてみると、「東アジア」の地域範囲の曖昧さとは、もちろん東アジア世界論に内在するところもあるが、近代日本の国策にかかわって用いられた地域呼称としての「東亜」との明確な差異が論じられずに、同一語の別語表記である「東アジア」が無意識に用いられたことにもかかわっているように思える。

つまり、「東アジア」は、さまざまな記憶と現実を巻き込みながら、超歴史的に生き続けているにもかかわらず、そうした歴史的経緯をふまえて、それらと明確に一線を画したうえでの定義づけは、少なくとも東アジア世界論においてはなされてこなかった。「東亜」が、近代日本による近隣諸国への政治的拡張にかかわって形成された地域概念であるとすれば、かつて、日本の政治的強制力をともなって「東亜」に押し込められた経験をもつ人びとが、それとの断絶が曖昧な「東アジア」に警戒心を抱くのは、無理からぬことである。

それはともかく、問題の出発点に立ち返ってみると、「東アジア世界」との用語に比して「東アジア文化圏」の場合には、その規定に従うかぎり、地域の範囲には、それほどの誤解はありえないように思う。すでに述べたように、東アジア文化圏とは、ほかならぬ漢字文化圏であり、中国・朝鮮・日本・ヴェトナムがその地域的対象となるという前提から議論が出発しているからである。

しかしながら問題が単純でないのは「東アジア文化圏」は、ただ漢字文化を共有した地域というだけにとどまらず、「東アジア世界」という枠組みから体系的かつ論理的に定義づけがなされているのであって、東アジア文化圏は、それを形成した政治構造としての冊封体制と一体となってはじめて意味をもつ。

なぜ、一定の地域に限って共通の文化圏（東アジア文化圏）が形成されたのか、という問いがまずあって、そこには冊封体制という政治システムの実在が密接にかかわっていたことが跡づけられ、そのシステムのおよぶ範囲に共通の文化圏が形成されたという仮説が導きだされたのである。まさに文化圏と政治圏が一体となった自己完結的な世界が東アジア世界なのである。ただし、その逆に、漢字文化圏と切り離して、冊封体制というシステムのおよぶ範囲がそのまま「東アジア」地域というわけでない。

文化圏と政治圏との両者は一体となって東アジア世界を構成するとはいうものの、西嶋氏の東アジア世界論に従うかぎり、論理的には、東アジア文化圏=漢字文化圏という明確な地域設定が前提にあることを軽視すべきでない。ではいったいなぜ、東アジア文化圏=漢字文化圏の形成が、とりたてて歴史的に問題にされなければならないのだろうか。

東アジア世界論の由来

歴史は未来を志向する現在と過去との対話であるといわれる。西嶋氏ものちに東アジア世界論を説くなかで、このことを繰り返し強調している。東アジア世界論にもとづく「東アジア文化圏」の形成も、「東アジア」という地域が切実な課題として意識された時代の現実認識と深くかかわっている。

過去の探求は、その過去を問題とせざるをえない現実からの問いかけがあって、はじめて意味をもつ。すでに「東アジア」という地域の曖昧さを問題にしたが、この曖昧さをただしていくためには、現在までの多様で膨大な「東アジア」にかんする議論を整理するよりは、東アジア世界論の提唱者の問題意識(過去に問いかける「現在」に立ち戻って、その核心部分に迫るという方法もありえると思う。

元来、国家を越えた地域の設定は恣意《しい》的なものである。地域の設定によって、なにを志向するのか、それによってなにが明らかになるのか、そうした関心なしに地域の設定はありえない。そこで、すこし遠まわりのようではあるが、東アジア世界や東アジア文化圏が、どのような問題意識から課題となったのか、という点を明らかにしておきたい。それは、「東アジア」の地域規定にたいする曖昧さを取り除くことにもなるであろうし、東アジア文化圏の形成がなぜ問題になるかを明確にすることにもなるであろう。

これまで詳しくみたように、東アジア世界、東アジア文化圏にたいする歴史的な規定を体系化したのは西嶋定生氏であった。その構想(東アジア世界論)の由来をもとめてゆくと、それが一九五〇年代に遡り、その時代の現実と深くかかわっていたことがわかる。

西嶋氏の回想によれば、東アジア世界の構想は、一九五〇年代初頭において、「現在の日本の直面している危機」に向き合うことに起源するという。当時、この危機に正面から取り組んだ歴史家の一人に上原専禄《せんろく》氏▲がおり、西嶋氏は、上原氏の問題意識に啓発され、それを共有し、すぐれて現実的な課題に取り組みながら、上原氏とともに八年間にわたって世界史教科書の作成に携わった。

上原氏にとって、当時もっとも切実に感じられた問題の一つに、多くの日本人には世界史の感覚や意識が充分身につくまでになっていないということがあった。世界史の感覚を身につけるとは、自分自身で世界史像を形成してゆき、自分自身でつくった世界史像をとおして実際問題の性格や構造をつきとめ、それを手がかりとして問題解決の方法を探るという生活態度をいかにしたら身につけることができるか、ということにほかならなかった。

一九五〇年代から六〇年代にかけて、おりに触れ、日本人の世界史における現代アジアへの問題意識が稀薄であることを訴えていた上原氏には、日本はアメリカの政治的従属下にあり、そのままでは戦後のアジア・アフリカ諸国と直接に向き合うことができず、これでは真に世界史を生きることができないと感じられていた。第一次世界大戦以後の世界秩序は、ヨーロッパ人が支配の対象としてつくりあげたヨーロッパ人の秩序（一体的世界）であり、これをアジア・

▼**上原専禄**（一八九九〜一九七五）　西洋史（ドイツ中世史）学者。戦後は東京商科大学（のちに一橋大学）の学長になり、大学内外の改革にかかわるとともに、平和運動にも専心し、「世界史像の自主的な形成」を国民的な課題として掲げ、生涯これを追求した。「世界史像」は上原氏の造語。著作に『上原専禄著作集』全二八巻がある。

日本国民の世界史　上原専禄の監修で刊行された『高校世界史』（実教出版、一九五六年）は、一九五八年の定期検定のさいに不合格となり、あらためて二年後に岩波書店から『日本国民の世界史』として刊行された。

アフリカ諸国と連帯して、その支配・従属の構造を否定し、構造転換をはたすことが現代の切実な課題であった。

新しい一体的世界が、古い一体的世界の構造変化としてとらえられるとすれば、より根本的な問題は、一体的世界というものが、この地球上に、いつ、どうして出現したか、ということになる。こうした観点から人類史を展望すると、ヨーロッパ的秩序としての「一体化された世界」が出現するまでに、少なくとも「東アジア世界」「インド世界」「イスラム世界」「ヨーロッパ世界」の四つの世界が、それぞれ固有の文化と生活様式をつくりだし、それぞれの独自の歴史を展開させていったことになる。

そもそも「一体化された世界」の萌芽が地球上にあらわれるのは、せいぜい十六世紀以降のことであって、それ以前には、一体化された世界は存在せず、固有の文化と地域的なまとまりをもち、互いに独立した複数の歴史的世界が併存するに過ぎなかった。上原氏にとっては「一体化された世界」の形成発展の過程こそが、まさに世界史にほかならない。そのような世界史とは、ヨーロッパ的価値の一元性からの世界史ではない。諸地域の独自性と文化の多元性を積極的に認めようとする立場に立っての新しい世界史像の提起であった。世界が一体化される以前の互いに独立した複数の歴史的世界が、このような上原氏の世界史像から、はじめて浮かび上がってきたのである。

これはいうまでもなく、すでに紹介した西嶋氏の世界史と東アジア世界の関係をそのまま語っている。より正確にいえば、西嶋氏の東アジア世界論とは、きわめて現実的な課題、実践的な課題に取り組んだ上原氏の世界史の構想をそのまま継承し、それを前提として東アジア世界論が構想されたといえよう。

それでは、上原氏にとって日本が世界に向き合うときに、この世界はどのように立ちあらわれてくるのか、そのときの東アジア世界とはなにか。上原氏は一九六四年に、おおよそつぎのようなことをいっている。

地球的全世界というものは、地域世界の複合的構成体としてとらえることができるが、今日的実践の問題として考えると、中国・朝鮮・ヴェトナム・日本の四カ国の地域は、世界政治の問題構造のなかで、密接にかかわり合って存在している。四カ国のどれもが民族の独立という問題をかかえており、アメリカのヴェトナム戦争を媒介に、四カ国は、国家矛盾、民族矛盾の対立が具体的に現象する共通の場としての地域世界を形成している。

このような地域世界が東アジア世界であって、この世界は、ただ漢字文化圏として一括されるだけでなく、アメリカの帝国主義的支配にたいして闘わざるをえない点で、問題の共通性、一体性をもつ地域であるという。

要するに、歴史的世界としての東アジア世界とは、歴史的な検証のレベル以前に、一九六〇年代の政治的現実をふまえた地域設定であったことになる。中国・朝鮮・ヴェトナム・日本の四カ国が東アジア世界を構成する地域として明確に意識されたのは、そのような時代背景にかかわっていたともいえる。

一九七〇年に西嶋氏によって東アジア世界論が提唱されるが、西嶋氏の東アジア世界論が、さきに述べた上原氏の「歴史研究の思想と実践」を前提として構想されたことは、その回想の記録からも、まちがいない。一九六〇年代の現実と向き合うなかで、四カ国が密接にかかわりあった地域＝「東アジア」として認識されたのである。このような意味で、東アジア世界論における「東アジア」の地域とは、切実な生の課題として意識された時代の現実認識と深くかかわっていたといえるであろう。

中国文化の拡延と冊封体制

東アジア世界論は、一九六〇年代の現実的課題が古代の歴史的世界に投影された枠組みであり、それゆえ問題がある、といいたいのではない。現実と向き合い、未来に向かって意欲することなしに過去の解釈、歴史像の構想などありえないと私も考えている。要は、歴史的世界に自ら設けた仮説が、歴史研究のレベルで論証できているか否か、それは十分に説得力を有するか否かにかかっている。

一九六〇年代のすぐれて現実的な課題から、中国・朝鮮・ヴェトナム・日本が有機的な連関性をもった地域であると強く意識され、それが現代の一時期にとどまらず古代以来、歴史的にも根拠のある地域世界を形成してきた点を、跡づけようとしたのが西嶋氏の東アジア世界論であった。さきにみたように、四カ国の地域が漢字文化圏であったこと自体は、すでに上原氏も指摘している。したがって問題は、この漢字文化圏の形成を、西嶋氏の東アジア世界論がいかなる手続きを経て、それを説得力あるかたちで提示することができているか否かにある。

上京龍泉府第二寺院跡石塔　清代に開かれた興隆寺大雄殿の前に立つ石塔。玄武岩製のエンタシスの中柱石をもつ石塔は、もともと渤海の寺院にあったもので、当時の建築様式を今に伝えている。高さ六メートル。

ひるがえってみるに、西嶋氏は一九六二年に発表した論文「六〜八世紀の東アジア」のなかで、いわゆる冊封体制と命名された東アジア固有の政治構造が、六〜八世紀の東アジアにおける国際的政治体制として、律令制を普遍化させ、仏教・儒教を伝播させる基盤であったことを力説した。

この段階では、六世紀から八世紀までの中国諸王朝と「東辺諸国」(高句麗・百済・新羅・倭・渤海)といった諸国間の関係だけが考察の対象とされ、これをとおして、この時代における日本史の画期的展開が、巨視的には東アジア世界における歴史的展開の一環として実現されたこと、また、冊封体制という政治構造ゆえに中国文化が「東辺諸国」に拡延されたことを跡づけるにとどまっていた。

そして一九七〇年に発表した論文「東アジア世界の形成　総説」においては、ヴェトナムをも含めた漢字文化圏が東アジア世界の地域として明示され、この東アジア文化圏の形成に、政治構造としての冊封体制が媒介されていたことを説き、文化圏と政治圏の一致した世界(東アジア世界)の形成から消滅にいたる過程が概観された。

今日、西嶋氏の東アジア世界論といえば、基本的には、この二つの文献で論じられた前述の内容をさすと考えてよい。まず、東アジア世界の政治構造としての冊封体制が、六世紀から八世紀における「東辺諸国」の個別具体的な歴史過程から導きだされ、さらに八年後の論文において、漢代から清代までの二〇〇〇年におよぶ(十世紀にいったん崩壊するが十四世紀に再現される)東アジアの政治構造として拡大され、地域的にも明確にヴェトナムが加えられることになった。ここに東アジア世界と呼びうる政治圏と文化圏の一体性がはじめて説かれることになった。

ところで、この二つの論文で気がかりなのは、まず冊封体制という政治構造が中国文化を「東辺諸国」に拡延した事実を前提にして、そのあとは論証することなく、さらに地域と時代を拡大・延長させ、冊封を媒介とした文化圏の形成を論じていることである。何度か指摘したように、前者の論文が扱ったのは、あくまで六世紀から八世紀までの中国諸王朝と「東辺諸国」(高句麗・百済・新羅・倭・渤海)にすぎない。しかも冊封という官爵を媒介にした中国文化の拡延について、いささかなりとも論じられているのは、わずかに高句麗・百済・新羅

▼卑弥呼　『魏志』が伝える三世紀前半の倭国の女王。二世紀末の倭国争乱ののちに諸国の首長たちに共立され王となり邪馬台国に治した。二三九年以降、魏と通交し親魏倭王に冊封され、金印・銅鏡などが賜与された。

・渤海の四カ国のみである。

冊封を媒介とする政治関係が、中国文化を拡延させたというが、「東辺諸国」以外の地域の国々との具体的な関係にもとづく事実は、まったくといってよいほど検討されていない。ヴェトナムへの中国文化の伝播と拡延についてもまったく言及がない。ヴェトナムは直接支配があったと指摘するのみである。あとに述べるように、ヴェトナムの「中国化」が進むのも、それにともなう中国王朝との政治関係が深化するのも十世紀以降のことである。桃木至朗《ももきしろう》氏によると、十世紀のヴェトナム国家は、ほとんど中国化していなかったという。

日本については、どうであろうか。西嶋氏は、倭奴国王や卑弥呼▲(親魏倭王)、倭の五王たちが中国王朝と冊封関係にあったことを特筆する。確かにこの段階では、そのような関係を媒介にして漢字の端緒的伝播と受容は論じることができるかもしれない。しかし、そのほかの儒教・仏教・律令は時期的にも問題になりえないし、これらの日本列島における本格的な受容は、六世紀以降であって、それ以後、八世紀までの倭は中国王朝といかなる冊封関係もない。あらためて指摘するまでもなく、古代日本のいわゆる仏教伝来は六世紀中葉における百済との関係によるものであった。いずれにしろ、少なくとも日本とヴェトナム地域にかんするかぎり、冊封関係と中国文化の拡延のあいだに不可分の関係といったものはみいだせない。

しかしながら、西嶋氏は、冊封という官爵を媒介とする中国皇帝と周辺諸民族の首長との政治関係によって中国文化圏が形成されたことを、金科玉条《きんかぎょくじょう》のごとく説いてきた。冊封関係は、政治圏形成の鍵であり、文化圏形成の原動力ともいうべきもっとも重要な要因として位置づけられている。それにたいして堀敏一氏は、冊封関係が中国皇帝と周辺諸民族の首長との関係のなかではきわめて限られた関係に過ぎないことを強調し、西嶋説を批判してきた。

堀氏によれば、秦・漢時代以来、中国皇帝の支配は郡県制による支配と、異民族の首長にたいする支配とに二分されるが、中国皇帝と異民族の首長との関係は、広く羈縻《きび》▲と呼ぶべきことを指摘する。もともと、羈縻とは多様な形態があり、冊封・羈縻州・和蕃《わはん》公主▲・朝貢関係などさまざまなレベルがあって、これらはいずれも羈縻の一形態であった。官爵授与による冊封関係は、その一部に過ぎないというのである。しかも、冊封体制が広汎に通用した主要な時期は、

▼羈縻　羈は馬のおもがい、もしくは手綱で、縻は牛の引き綱のこと。牛馬をうまく操るように異民族を統御することをいう。異民族にたいしては、その首長を媒介にした間接支配がなされ、漢代以来これを羈縻と呼び、異民族支配の原則となった。

▼和蕃公主　異民族の君主に公主を送る和親政策。漢の高祖が匈奴の冒頓単于に自分の娘を送ったことに始まり、その後も中国王朝が警戒しなければならない相手に、王室や後宮の女性が送られた。

滇王の印　中国雲南省晋寧県付近の石寨山遺跡から出土。「滇王之印」と記された金印は漢の武帝がこの地方の滇国に与えた内臣印。

魏晋南北朝であったという。

要するに、冊封とは、中国皇帝と異民族の首長との関係のあり方からすれば、一部に過ぎず、それが周辺諸民族との関係を規定するわけではないのである。確かに、西嶋氏が説くように、六世紀から八世紀においては、冊封が中国周辺の諸民族を巻き込んで国際政治の政局が展開し、周辺諸民族もまた冊封の論理を利用しながら、国際政治を内政に転化させ、それがまた国際政治に影響をおよぼすというダイナミズムがみてとれる。冊封関係が「東アジア」における躍動的な政治変動を生みだす原動力になっていたことは、西嶋氏が描きだしたとおりであろう。しかし、必ずしも冊封という特殊具体的な政治関係のみが、中国文化圏の形成に結びつくとはいい切れない。ましてや、中国文化の拡延が冊封によって裏づけられているわけでもない。

たとえば、西嶋氏自身あるところで、なぜ漢字が中国の北方や西方諸民族に拡延・定着しなかったかについて論じている。中国歴代王朝と、北方や西方の諸民族とのあいだに冊封関係が結ばれることはあったし、それらの民族が漢字を用いて外交文書をもたらしたことは明らかである。にもかかわらず漢字が定着しなかったのは、それらの民族が土地に定着することなく、移りかわったからであるという。

民族が移動するために、漢字の知識も中国との関係がなくなり、漢字を使用する必要がなくなれば捨てる。漢字はあくまで中国との外交上、必要なのであって、必要がなくなれば忘れ去られるという。それは同時に、漢字を習った階層が上層にとどまり、民族内の知識の交換、伝達の道具にされなかったことにもなると述べている。

とすると、冊封関係とは、あくまでも中国文化が拡延する一つの契機となっても、周辺民族に中国文化が定着することとは直接に結びつくものではないといっているも同然である。東アジア文化圏は、いかにして形成されたのか、朝鮮・ヴェトナム・日本といった地域に漢字文化が定着しながら、その一方で、なぜモンゴル・チベット高原には、それが定着しなかったのか。前述した北方・西方諸民族における漢字文化の定着についての問題は、冊封関係が必ずしも文化圏の形成を説明する原理として有効性をもちえないことの一面を語っているのではあるまいか。

③—漢字文化の伝播と受容

中国外交と漢字の受容

たとえ冊封関係が、中国文化圏の形成に直接に結びつくものではないにしても、中国の周辺諸民族に漢字文化が拡延した契機として、中国皇帝と周辺諸民族の首長との政治関係があったことは認めなければなるまい。神野志隆光《こうのしたかみつ》氏が指摘するとおり、そもそも文字を用いるとは、社会の内部で文字への要求が成熟してゆくことの結果ではなく、政治的な契機、文字による交通として成り立つ世界に組み込まれることによる。つまり中国周辺のある地域において、中国と政治関係が結ばれると、その社会全体の文化とは別の次元で、特殊技術として漢字の利用が一挙に開始されたとみられるのである。

しばしば西嶋氏は、漢字を学び漢文を作成することは周辺民族にとって容易ではなかった点に注意を喚起する。すなわち、漢字は、各々が、固有の字型と固有の音価と固有の意味とをもつ表意・表音文字であって、これを中国の地とは音価が異なり、言語体系も異なるほかの言語に、そのまま使用することはできない。そのような漢字を、周辺諸民族が受容するのに相当な困難がともなったであろうという。しかし、ここで重要なことは、文字（漢字）が政治の問題として、社会の文化的成熟とは別に、外部からもたらされることであって、文字を用いることは、外部でのみ意味をもつものとして始まるということである。

周辺諸民族に漢字が受容される契機として、いつも引き合いにだされるのは、日本列島における倭奴国の事例である。まず中国との国際関係が成立すると、これを維持するためには、文書作成のために漢字を習得し、これによって漢文を作成しなければならなかった。金印の賜与は冊封関係の物的表現であり、それが文字の使用を必然化したという。

ところで、日本列島における漢字受容の契機を冊封関係に認め、周辺諸民族への漢字の伝播は、このような中国王朝との政治関係の成立と維持とにともなうものであったとしても、漢字文化が、その社会に根を下ろし定着していく過程は、それとは別の説明づけを必要とする。まず特殊技術としての文字の利用が始まると、当初それは外部でのみ意味をもった。それでは、社会全体の文化とは別な、特殊技術として外部（中国王朝）との交通に必要とされた漢字は、いかにして社会内部に転化されるにいたったのか。また、漢字文化は、なぜ特定の地域においてのみ、内部化されるにいたったのか。これは、東アジア文化圏の形成にとって軽視できない問題である。

そこで、周辺諸民族における漢字文化の受容問題をもう少し具体的にみてゆくことにしよう。すでに述べたように、西嶋氏は周辺諸民族への漢字の伝播と受容の背景について、中国王朝との政治関係に着目した。しかしながら、中国王朝と周辺諸民族との政治的関係だけでは、必ずしも説明がつかない事例もある。朝鮮半島の東南に位置し、地理的にはもっとも辺境に位置していた新羅にそくして漢字文化の受容についてみてみよう。

新羅は、遡れば三世紀中ごろの姿を伝える『魏志』韓伝に、辰韓▲一二国のなかの一国(斯盧《しろ》国)としてあらわれ、その後、三七七年・三八二年と続けて前秦に朝貢したことが伝わっている。それ以後の新羅の対中国外交は、五二一年の梁への朝貢まで史料で確認できない。新羅のこうしたあり方は、漢代以来、歴代中国王朝と厳しい外交を重ねてきた高句麗や、東晋への朝貢以来、頻繁な対中国(南朝)外交を展開した百済ともまったく異なる。もし周辺諸民族の漢字の利

▼**辰韓**　古代朝鮮における韓族の居住地域の一つ。朝鮮半島の東南部に位置し、半島西南部の馬韓、両者のあいだに位置した弁韓とともに三韓といった。三韓は、言語・習俗に若干の相違があった。それらの内部は各々小国が群立しており、馬韓五〇余国、辰韓一二国、弁韓一二国からなっていた。

▼武寧王　百済の王(在位五〇一～五二三)。積極的な対外政策を展開し、新羅と結んで高句麗の南下をくい止め、加耶地方へ進出して勢力拡大を図る一方、倭へも五経博士を送るなど関係の強化に努めた。

武寧王陵　一九七一年に公州宋山里で発掘調査される。中国南朝様式の塼築墳の構造をもち墓室からは武寧王と王妃の誌石(二枚)をはじめ豊富な副葬品が発見された。墳丘は外護列石がめぐる直径二〇メートルの円形墳。

用が中国の皇帝との冊封関係に規定されるとするならば、新羅にはそのような契機は、ほとんどなかったことになる。ちなみに、新羅が中国王朝からはじめて冊封されたのは、五六五年に北斉からであった。

幸いにも、長期間にわたって中国王朝と外交関係をもたなかった時代の新羅のリテラシー(文字を使いこなせる能力と、そうした能力を中心に形成されている文化＝文字の文化)と、オラリティー(言葉の声としての性格と、言葉のそうした性格を中心に形成されている文化＝声の文化)を史料をとおして、かいまみることができる。

新羅は五二一年に、百済の武寧《ぶねい》王▲のはからいによって、百済の使者にともなわれて中国の南朝・梁の建康(現在の南京)に赴いた。このときに梁にもたらされた新羅の国情は『梁書』新羅伝に簡潔にしるされているが、それとともに梁への入朝の様子はつぎのように伝えられている。

　その国小さく、自ら通じて使聘する能わず。普通二年、王募、名は秦、始めて使し、百済に随い方物を奉献せしむ(中略)。文字なし、木を刻みて信と為す。語言は百済を待ちて後ち通ず。

武寧王誌石　武寧王陵から発見された二枚の誌石。第一石(右)には、武寧王の号、諱《いみな》、死亡年月日と殯《もがり》の期間を記す。第二石(左)は、墓地を冥界から買ったことを記す買地券で、その裏は王妃の没後に追刻した王妃の墓誌となっている。

カッコ内の省略した部分には、当時の新羅の国情が記されているが、それらの情報を伝えるにあたっては、新羅に文字がないために、百済の使者の通訳を介して、梁の役人に伝えられたことがここに明記されている。この点を裏づけるように、国情を伝える記事のなかにある新羅の官位表記(某旱支《かんし》)は、同時代の新羅のもの(某干支《かんし》)とは異なり、『日本書紀』の百済系史料と同様の漢字表記になっている。

　しかもここでみのがせないのは、当時の新羅には文字がコミュニケーションの手段として存在せず、樹木を刻んで伝達の標識としていたと『梁書』新羅伝が記していることである。あとにみるように、これ以前にも新羅に漢字文化が実在したことは歴然としており、これがまったく事実に反することはいうまでもない。おそらくは百済の使者による意図的な虚偽の報告にもとづくとみられる。なぜなら、このときに百済の使者は梁にたいして百済に従属する傍らの小国・九カ国を報告しているのだが(『梁職貢図』百済国使、五五頁図版参照)、このなかに新羅が含まれているからである。

　このような複数の属国(附庸《ふよう》国)を従える百済という認識は、当時の朝鮮半島

▼**蔚珍鳳坪新羅碑**　五二四年に建立。一九八八年に慶尚北道蔚珍郡竹辺面鳳坪里の水田から発見された。四角柱状の花崗岩を自然石のまま用いており、一面に四〇〇字前後の文字を陰刻する。高さ二〇四センチ。

諸国にたいする梁側の情勢判断ではありえず、百済の梁王朝への自己主張をそのまま認めた記事であることはまちがいない。ここから知りえるのは、百済が強力な指導のもとに新羅を梁への朝貢にともなうことによって、こうした「大国」百済の演出に新羅を利用したのだろうということである。

それにしても、百済が外交活動の場において新羅の使者を前にしての大胆な行動もさることながら、ここで問題になるのは、そうした百済の専横にまったく関与できなかった新羅の使者のありようである。つまり、当時の新羅には直接、梁の外交担当者に伝達する手段をもちえず、そのことを熟知していたがゆえに、百済はこうした外交活動を展開しえたのであろう。それではたして新羅はこの当時いかなる漢字文化をもっていたのであろうか。

新羅の漢字文化

今から三〇年あまり前に、続けて六世紀初頭の新羅の碑石が発見された。その一つは一九八八年に発見された『蔚珍鳳《ウルチンポン》坪《ピョン》新羅碑▲』であって、碑文は約四〇〇字からなり、その内容から五二四年に建立されたことが確かな古碑である。

●―新羅国使(右)・倭国使(中)・高麗国使(左)(唐閻立本王会図、台湾故宮博物院蔵)

●―百済国使(梁職貢図より)　一般に『梁職貢図』(南京博物院旧蔵本)と呼ばれているものは、宋代(一〇七七年)に傅張次によって模写され、地理・風俗にかんする記述を含む一二国の使者像を伝える残巻をさす。台湾の故旧博物院が所蔵する『唐閻立本王会図』もまた、南京博物院旧蔵本と類似した『梁職貢図』模本を母本として写されたものである。梁の元帝が五三〇年前後に描いたとされる『職貢図』は、三五国からなっていたと推定されるが、写真の四カ国はその姿を今に伝えているとみてよい。

つまり、新羅の梁への朝貢から三年後に建立されたものであった。この碑文の文字からも、百済の梁への報告がいかに虚構であったかがわかる。では新羅は漢字で表記する手段をもちながら、なぜ百済の使者がなすがままになってしまったのだろうか。この点をいま少し碑文にそくしてみてみよう。

碑文の内容は、おおよそ四構成からなる。まず第一に、法興王▲(牟即智寐錦王)と一三人の高官によって「教」が下され、第二に、「本奴人」(新羅に服属してきた旧高句麗民)である「居伐牟羅・男弥只村」(現・慶尚北道栄豊郡順興面)の民に、蔚珍付近の「法道」(幹道)の整備と保全を、前の王命に従って遂行するよう重ねて王命が下され、王自らの視察があったことを記す。第三には、新羅の官人によって「殺牛」祭天の儀礼が挙行され、それに参与した者の歴名および、王命に違えたかどで処罰された四村の首長たち五人の歴名とその刑量(杖六十、杖百)が記され、そのあとに立碑関係者の歴名が記されている。第四に、「居伐牟羅」の二人の首長が、三九八人の民とともに、以後、王命に違えることがないよう、王の前で天に誓った盟誓の句が記されている。これらの内容を段落ごとに示せば以下のとおりである。

▼**法興王**　新羅の王(在位五一四～五四〇)。官位制の制定、兵部や上大等(最高職位)の設置、律令の頒示、年号(建元)の使用、仏教の公認など新羅国制の整備を背景にして、高句麗領域であった北辺や加耶地域に進出し対外発展の基礎を築いた。

（一）甲辰年正月十五日、喙部牟即智寐錦王［高官歴名］等所教事。

（二）別教令、居伐牟羅男弥只本奴人雖是奴人、前時王大教法道狭阻隘尓、所界城失兵遠城滅大軍起、若有者一依為之、人備土寧、王大奴村貪其値一二其余尹種種奴人法。

（三）新羅六部、殺斑牛□□□事。［歴名記事］

（四）于時教之、若此者誓罪於天。居伐牟羅異知巴下干支辛日智一尺世中卒三百九十八。

みられるように碑文の解読は容易ではない。いまだに細部にわたり一致した解釈をみるにいたっていないが、参考までに（二）（四）の一部をあえて訓読すればつぎのとおりである。

（二）別に教令す、「居伐牟羅・男弥只は本と奴人、是れ奴人と雖も、前時、王大いに教せしに、『法道狭く阻隘なれば、所界の城、兵を失い遠城は滅びん。大軍を起し、若し有らば一に依りて之を為せ』と。人を備え土を寧ぜよ」と。

（四）若し此のごときは罪せらるるを天に誓う。

▼**迎日冷水新羅碑**　五〇三年に建立された現存最古の新羅古碑。一九八九年に慶尚北道迎日郡神光面冷水里で偶然、耕作中に発見された。碑文は前面から後面、さらに上面の三面にわたって二三一字が刻されている。横七〇×高さ六〇×幅二〇センチ。

この文章の特徴として指摘できるのは、いわゆる漢文とはやや異なり、なかには新羅固有のシンタックスに拘束されたとおぼしき表記が認められる点である。

碑石が建立された蔚珍は、新羅の北辺に位置しており、新羅が高句麗のくびきから脱してここを奪取し、自己の支配を強化した特殊軍事地帯であった。かつて高句麗に政治的に従属する位置におかれていた新羅は、今や高句麗領土を侵食し、その地の居住民にたいして服属政策にかかわる法(奴人法)を再確認させ、ふたたび王命に違えることのないよう、王命の遵守を天の前で宣誓させた内容を碑石に記したのである。

『蔚珍鳳坪新羅碑』が出土した翌年、もう一つの古碑『迎日冷水新羅碑《ヨンイルネンスシルラひ》』▲が発見された。台形状をした碑石には、三面にわたって二三一字が刻されていた。そのおおよその内容は、現在の慶尚北道迎日郡冷水里付近にあった「珎而麻村」の人、節居利や彼の関係者による「財物」取得の紛争にたいし、新羅の高官七人(七王)が「共論」し、以前に示された「二王」の「教」を拠りどころにして、新たな「教」をもって、その次第について裁定したことを記す。ついで、この裁定ののちに七人の「典事人」によって牛を犠牲として祓《はら》いの儀礼が挙行されたことを、天に語り告げたことを記し、最後に二人の当該地の首長がこの調停に立ち会ったことを刻している。

この碑文もまた純粋の漢文とはいいがたい。むしろ文章の構成や用字法には、『蔚珍鳳坪新羅碑』との共通性が認められる。また、裁決が下されたあとに殺牛祭天の儀礼が挙行されている点でも共通している。

六世紀初頭の二つの新羅古碑にみられるように、当時の新羅に決して漢字文化がなかったわけではなかった。ところが五二一年に百済の使者と梁に赴いたさいに、新羅の使者は自ら梁に伝達する手段をもちえなかったことになる。

こうしたことから、新羅の漢字文化が単純でなかったことがわかる。つまり文字として漢字を使用すること（リテラシー）と、中国側に口頭で意志を伝達すること（オラリティー）とは、べつの次元のことであったということになろう。

新羅は確かに、社会内部で漢字を伝達の手段として利用していたが、それは中国側に口頭で意志を伝えるだけの内実を備えるにいたっていなかったのであろう。そのような背景として、新羅の漢字文化は、中国から直接受容したので

▼丹陽赤城新羅碑　五四五年以後数年以内に建立されたと推定される。一九七八年に赤城山城から発見されたが、すでに上部が破損していた。高さ九三センチ、幅一〇七センチ。

▼南山新城碑　五九一年に建立。新羅王都の南山新城を築造するために新羅領域内から動員された工事担当者の誓約と歴名、その分担距離を記す。現在まで九つの碑が発見されている。

▼広開土王碑　四一四年に建立。高さ六・四メートルの自然石には、四面にわたって一七七五字が刻まれている。高句麗の建国創業の由来、

はなく、長期にわたる高句麗との政治関係に規定された一面があったとみられるのである。

つまり、六世紀段階の新羅の漢字文化には、高句麗の変容を受けた独自の漢字文化がその基層にあったと推測されるのである。たとえば、六世紀の新羅碑のなかには、右に掲げた石碑のほかにも「教」字を重ねて、命令を告示している例がみられるが(『丹陽《タニャン》 赤城《チョクソン》新羅碑▲』『南山《ナムサン》新城碑▲』)、これらは『広開土王碑▲』(四一四年)に、すでに認められる形式である。高句麗の王命布告の形式に倣ったとみてよいであろう。

さきにみた『蔚珍鳳坪碑』は、まさに旧高句麗民とのあいだで成立する内容であったし、また同様に難解な文章でしられる『丹陽赤城碑』(五四五＋α年)も、新羅に服属した旧高句麗民にたいする恩典を記していることが明らかにされている。これらを碑文として告示するには、その条件として、共通の文字文化の実在を前提とすることはいうまでもない。

六世紀に建立された新羅の碑石は、徹底的に政治技術として駆使されている。新羅王の権威のもとに法を布告し、刑罰を執行し、紛争を調停し、宣誓を行わ

広開土王一代の武勲、墓守人のリストおよび彼らにかんする禁令・罰則などを記す（扉写真参照）。

▼**雁鴨池**　新羅の文武王が六七四年に造営した宮苑池。一九七五年に発掘調査がなされ、池中に埋もれていた遺構や、これをとりまく宮殿跡が明らかにされた。遺物は約一万五〇〇〇点におよび、なかには正倉院の宝物と酷似するものがある。

せている。これらをつうじて、新羅王の権威のもとに世界を秩序化し、組織化することがめざされた。新羅における文字の内部化もまた、自然成長的に社会に浸透していくといったものではなく、政治技術として文字が利用されたというべきである。

新羅と日本の漢字文化

新羅は四世紀以来、長く中国王朝との関係をもちえなかったが、六世紀の段階には、独自の漢字文化を明確にみてとることができる。その漢字文化は、高句麗との政治関係のなかで形成されたものと推定され、新羅の漢字受容については、中国との政治関係は必ずしも結びつかない。漢字の受容が中国との政治関係だけに規定されていたわけではないことが推測できるのである。

そのような事例は、新羅の木簡をとおして、新羅と日本とのあいだにおいても、かいまみることができる。韓国出土の木簡は現在まで約一四〇点に過ぎず、その数は決して多くはないが、新羅の宮苑池であった雁鴨池《アナプチ》▲から出土した木簡のなかにはつぎのようなものがある。

表・隅宮北門迊　阿□　才者左　同宮西門迊　元方左　馬叱下左　（一八×四・五×〇・五センチ）

裏・東門迊　三毛左　開義門迊　小巴乞左　金老左

木簡には両面にわたって、隅宮北門、同宮西門、東門、開義門といった門の名称がみられ、それらの下に小字で三〜七字が記されている。このように門名をあげて、その下に人名を列記し、その員数を合計するという形式の木簡は、日本では比較的多くの出土例がある。たとえば、平城宮跡木簡のなかに、兵衛が西宮と呼ばれた区画にある門へ出勤した当日の食料請求のための木簡がある。すなわち、

・東三門　額田　各務　林　漆部　神　秦　北門　日下部　縣　北府　服□　大伴

とあって、東三門、北門などに出勤した兵衛の氏（ウジ）を記している。これらの木簡の用途は門を警護する兵衛の食料をいずれかに請求することを目的とした記録とみられ、これらから律令の規定による門の警護や兵衛の勤務形態を具体的にうかがうことができるものでもある。

両者を対比してわかるように、はじめに掲げた雁鴨池木簡は、日本の兵衛関係木簡と同一の形式をもっており、おそらく同じ用途であったとみてまちがい

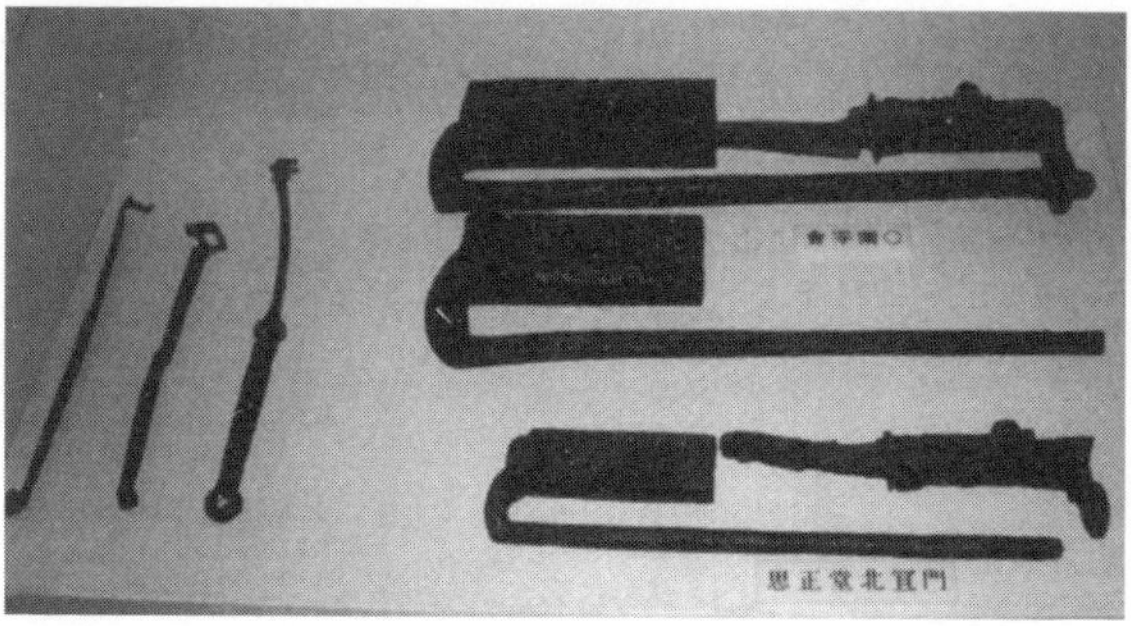

雁鴨池出土の鎰

ないであろう。この木簡によって、新羅にも兵衛の勤務形態や門の警備方法にかんする詳細な規定のあったことが推定できることになる。

ところで、右に掲げたような兵衛木簡が出土した日本の二条大路木簡のなかには、「東門鎰」「東殿門鎰」などと記した木簡がある。「鎰《イツ》」字は、もともと金の重量単位を意味するが、ここでは「カギ」の意味で用いられている。これまで、こうした用法は『和名類聚抄』に記すように、古代日本の固有のものと考えられてきたが、雁鴨池からは「東宮衙鎰」「合零闌鎰」といった銘を刻んだ鉄製の鍵が出土している。

このような出土資料によって、新羅にも「鎰」字に同一の用法が確認されたわけであるが、古代日本で「鎰」字が鍵の意で用いられるにいたった由来については、もはや新羅との関連を無視しては語れないことになる。兵衛関係木簡の共通性とともに、新羅・日本両国間の文字の用例や文書形式の一致は、両国の漢字文化の連関性を検討するうえで大きな示唆を与えてくれるものである。

これまで日本の律令制は、中国との関連性がもっぱら追究され、中国からの継受のあり方が詳細に検討されてきた。しかし、六七二年から七〇一年までの三〇年間、遣唐使の派遣はなく、新羅とは双方で三五回にのぼる頻繁な使者の往来があった。鈴木靖民《やすたみ》氏は両国間の頻繁な交渉に着目し、日本の律令制に新羅がおよぼした影響を、官制ないし官僚制に検討をくわえ、新羅との関係が日本の律令制の成立にとって重大な意義をもっていたこと、八世紀にいたっても、両国におけるそれぞれの律令的体制の発展が相互に作用・刺激しあい、それを機縁にして、ともに類似の施策がとられたことを指摘している。さきに述べた木簡は、そのような中国との関係を媒介としない新羅・日本両国間における漢字文化や「律令」の伝播と受容を物語るものとして注目される。

　さらに時代はさかのぼるが、新羅の北辺であった山城(京畿道河南市二聖《イーソン》山城)から出土した一点の木簡▲もまた、七世紀初頭の新羅と日本の文字文化を知るうえで興味深い事実を伝えている。木簡は、直方体に近い形状をしており、発見されたときには、すでに二カ所で折れていて三分されている状態であった。文字は楷書に近く、ところによって一部草書のようになっており、それが三面にわたってつぎのように記されていた。

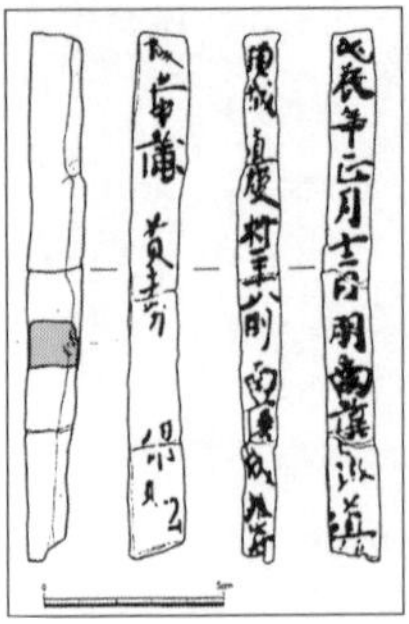

▼二聖山城木簡　京畿道河南市春宮洞の山城(標高約二〇〇メートル、周囲約一九〇〇メートル)から出土した新羅木簡。城内の貯水池趾からこれまでの調査で二一点の木簡が出土している。城内からは新羅の遺物のみが出土し、六世紀後半以降、新羅が拠点とした山城と推定される。

1 2 3 4 5 6 7 8 9 10 11 12 13 14
I「戊辰年正月十二日朋南漢城道使(以下欠)」(一五×一・三×〇・九センチ)
II「須城道使村主前南漢城城火□(以下欠)」
III「城上蒲黄去□□□賜□(以下欠)」

この木簡は、「戊辰年(六〇八年)の正月十二日の明け方に」、発信者である「南漢城道使が」、「□須城の道使と村主に宛てる」といった内容が記され、それ以下に具体的に伝達すべき内容が書かれていたと推定される。

注目されるのは、二行目七字目の「前」字であって、これは現在の韓国でもみられる用字法(〜に宛てる)であるが、これに類する「前」の用例は、中国や日本ではかなり古くに遡ることがすでに明らかにされている。日本の藤原宮木簡にみられる「某の前に申す」という形式の文体は、中国の六朝時代ころの文書形式の影響をうけているとの見解がすでにあるが、「戊辰年木簡」は、このような用字法につらなるものとみられる。

このほかにも、近年発掘された韓国の咸安《ハマン》・城山《ソンサン》山城出土木簡▲は、さらに時代を遡って日本列島における漢字文化の受容を考えるうえで軽視できない資料

▼城山山城木簡　慶尚南道咸安郡伽倻邑にある山城(標高一四〇メートル周囲約一四〇〇メートル)から出土した新羅木簡。一九九二年の調査で、推定東門趾附近の泥土層から多くの木製品とともに二七点の木簡が出土した。

となる。咸安は、六世紀の倭国が密接な関係をもった安羅国があった地域で、加耶《かや》諸国中の有力国の一つであり、かつて「任那日本府」の所在地とされたところである。新羅は五四〇年代からこの地を侵攻しはじめ、五六二年ころには完全に掌握し新羅に併合した。最近の発掘調査の結果、城山山城が新羅によって築造された山城であることが明らかになり、その山城の貯水池趾から約二〇〇点の新羅木簡が出土した。そこに記された新羅官位の表記様式などから、これらの木簡が使用されたのは、五四〇年代以降、五六一年以前であることはまちがいない。

この約二〇〇点の木簡は、新羅が新たに掌握した旧安羅国地域に山城を築造するにさいし、その山城に新羅支配下にある諸地方から、稗《ひえ》をはじめ麦・米などを貢納させた物品の付札であった。基本的な記載事情は、貢納を担当した首長たちの「出身地、人名、官位、物品名、数量」からなるが、文字の形態や、顚倒府(レ)の使用、荷札木簡としての形態(木簡の下端部に切り込みがある)など、七・八世紀における日本の木簡のさきがけとしての要素が随所にうかがえる。木簡が当時における重要なコミュニケーションの手段であったことからすれば、

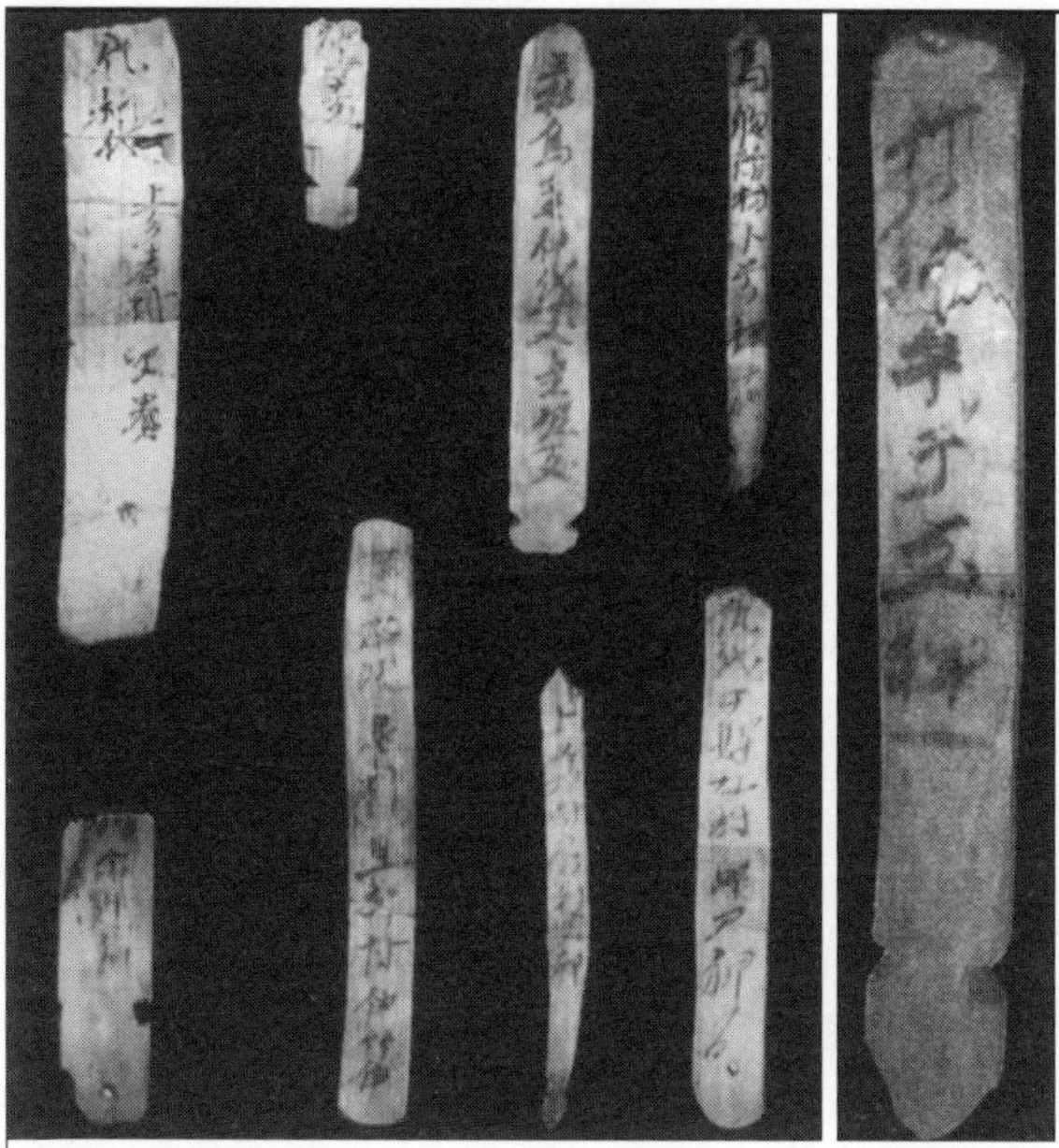

●—城山山城木簡　写真右の一二号木簡には「牟」「于」字のあいだに顚倒符がみられる。

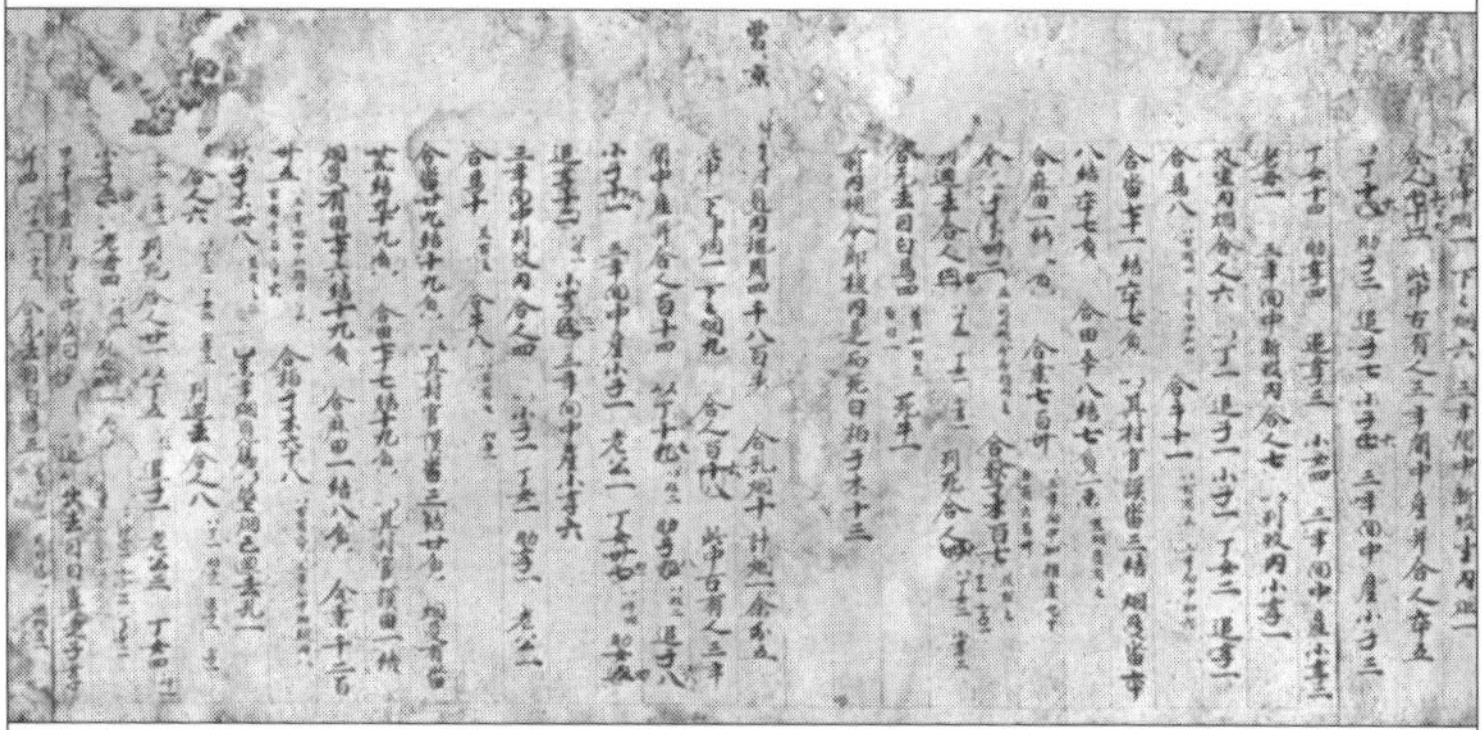

●—新羅村落文書　正倉院宝物の経帙のなかから発見された新羅の文書。地方村落から貢物・力役などを徴発するための基礎的な調査文書で、新羅の村落構造・支配の実態がうかがえる。四村の記録には、随所に吏読(漢字の音・訓を利用した表記法)が使用されている。

朝鮮半島古代三国（斜線部は加耶諸国）

加耶諸国図

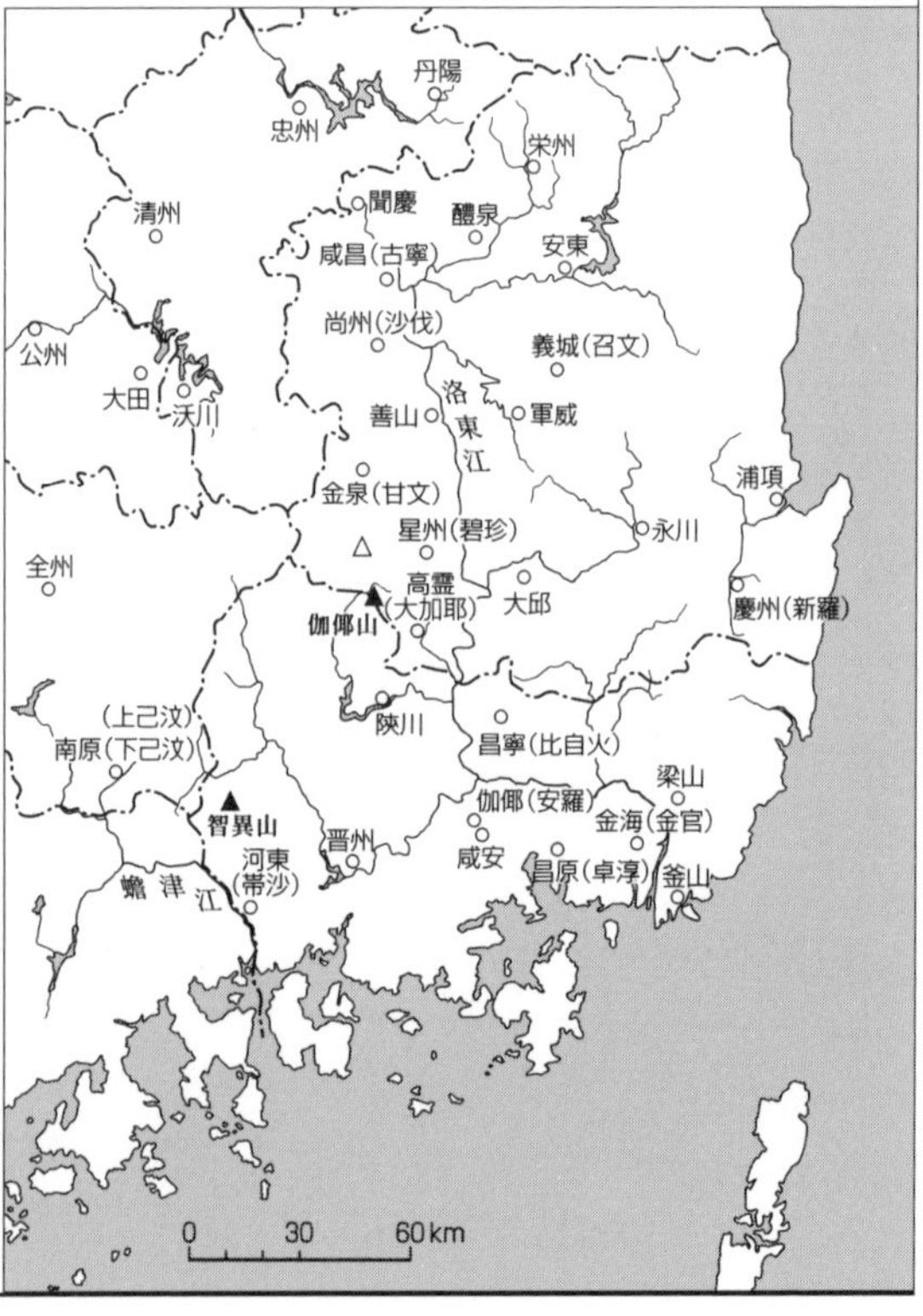

椋《くら》字木簡　一九九四年に慶州皇南洞三七六遺跡から出土。縦一七・五×幅二×厚さ〇・六センチ。八世紀前半と推定される層位から出土し、「下椋」「仲椋」といった倉庫と関連する字句がみえる。「椋」字は朝鮮半島で造字され、日本でも用いられた。

こうした木簡にみられる朝鮮半島の漢字文化は、かなり早期から、トータルな文化として日本列島に伝播し、受容されたものと考えざるをえない。

ところで、さきにみた兵衛木簡とともに、これらの事例は、古代日本の漢字文化は新羅との関係が軽視できないことを語っているであろう。もちろん、日本は新羅とともに中国経由で、これらの文字文化を受容した可能性をまったく否定するわけにはゆかない。しかしながら、近年の韓国出土木簡をみるかぎり、木簡の形状、表記内容、字形、文書形式、用途などにおいて、古代日本の先駆的な形態を示していると推定される事例が発掘にともなって増えつつある。

漢字文化の伝播と受容は、中国との政治関係が大きな契機になっていたであろうが、あまり継続性のなかった中国との外交関係のみにかかわるのでなく、隣接する周辺諸国間の不断の重層的な交渉にかかわって、漢字文化が伝播し、受容された可能性を今後も追究してみる必要がある。

たとえば、日本語の語順によって漢文を読みかえる転倒読法(訓読)は日本人の独創であると考えられがちであるが、近年、朝鮮(高麗時代)における訓読法の存在を立証する資料が発見され、その存在はほぼ確実になっている。それだけでなく中国東北地方の民族である契丹人や女真人のあいだでも訓読のおこなわれていたことが明らかにされている。契丹語は蒙古語の一種で、その語順は基本的に日本語や朝鮮語に等しく、それゆえ漢文を転倒させる必要があったのである。これらが相互に無関係であったとは考えがたい。

これまで述べてきたように、漢字文化の受容の契機やその定着という点に注目すれば、むしろシンタックスなどを共有する隣接した周辺諸民族相互間での、さまざまな交流のなかで変容が加えられてこそ、漢字文化の受容と定着を容易ならしめるのであって、右で述べた事例はそのような過程をいささかなりとも裏づけていると思われる。

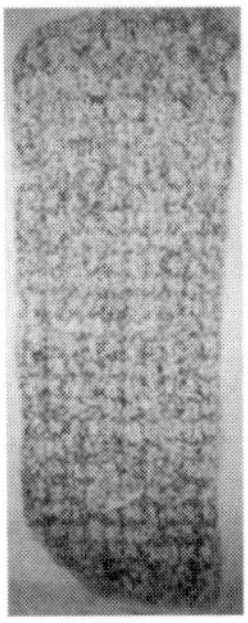

▼**中原高句麗碑**　忠清北道中原郡可金面竜田里立石村の入り口に建てられていた碑石が、一九七九年にいたり、調査によって高句麗の碑石であると確認された。磨滅がはげしく現在、前面・左面の二面に文字が確認されるが、四面碑であるか否かは不明。写真は前面の拓本。

④―中国文化の受容と定着

小冊封体制と文化の伝播

前章では、新羅の漢字文化が中国王朝との関係よりは、高句麗との関係に規定されていることを述べた。同様のことは、新羅の「律令」についてもあてはまりそうである。

新羅の「律令」については、『三国史記』によると、法興王七(五二〇)年条に「律令を頒示す」とあり、この解釈をめぐっては、従来、二とおりの解釈があって対立していた。一つは、文字どおり中国で発達してきた、特定の形式と内容をもつ体系的な律令法とみる解釈であり、もう一つは、そのような律令の存在を否定して、衣冠制を中心とした、その他のいくらかの諸規定からなる新羅古法とする解釈である。

幸いにも一九七八年以来、五～六世紀の古碑が韓国であいついで発見され、それらによって「律令」の解釈についての見通しがえられるようになってきた。すなわち、『中原《チュンウォン》高句麗碑▲』(五世紀前半)によると、高句麗は新羅を「東夷」と位置づけ、新羅王や高官に衣服の賜授をおこなう一方で、軍官の派遣や軍兵の徴発をおこなうなど、新羅を政治的に従属させ新羅領域内で軍事活動を展開するまでにいたっていた事実が明らかになった。これは『広開土王碑』が記している、新羅を「属民」として位置づけ「朝貢」を強いた関係や、『三国史記』や『三国遺事』が伝える、新羅が王子を人質として高句麗に送った事件に呼応する。

その後、六世紀にいたると前章で述べたように、新羅は高句麗のくびきから脱して北辺にある旧高句麗領を奪取し、ここを特殊軍事地帯として確保するために、旧高句麗民を使役するといった情勢の大転換が起こった。『蔚珍鳳坪新羅碑』(五二四年)には、そのような過程で起こった過失にたいして動員した人びとを処罰したこと、それらの住民にたいして服属政策にかかわる法(奴人法)を再確認させ、ふたたび王命に違えることのないよう、その遵守を天の前で宣誓させたことが記されている。このときに、あわせて殺牛祭天の儀礼が挙行されたのであるが、それと同じ儀礼は『迎日冷水新羅碑』(五〇三年)においてもみられ、ここでは財物取得の紛争にたいして、新羅高官が裁定したあとにおこなわれている。

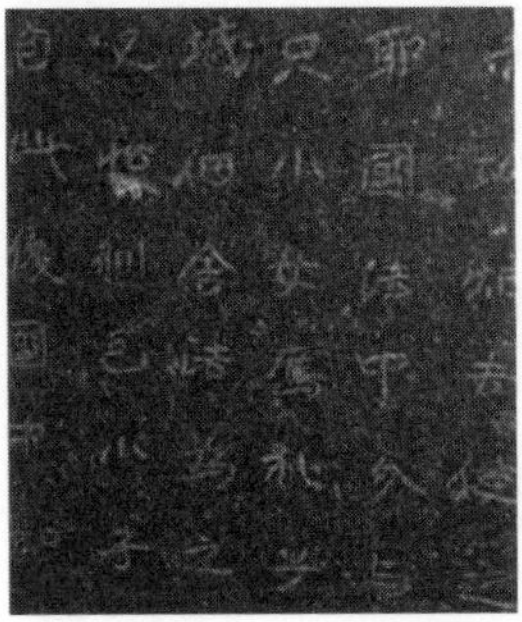

『丹陽赤城新羅碑』にみられる「佃舎法」の文字

さらに『丹陽赤城新羅碑』(五四五＋α年)では、新羅が旧高句麗の軍事要衝・赤城を奪取し、その経営に功績のあった新附の一族に、従前の慣習を認める恩典(佃舎法)を与え、これを新羅全土で適用することが記され、当時の新羅における領域拡大の実相がうかがえる。

これらの四碑によって、それまで高句麗に従属していた新羅が、やがて六世紀にいたり、高句麗領域を侵食し、それらの地域を独自の原理をもって支配・経営したことが明らかになった。また、その支配・経営には、随所に高句麗の方式が強く意識されており、それは新羅の三碑の布告の文体、書式にもみてとれる。

新羅の法興王代(五一四〜五三九年)は、ちょうど北辺の高句麗領、南の加耶諸国への侵攻といった対外発展の時期にあたっており、法興王七年に頒示された「律令」とは、こうした情勢にこたえるものでなければならない。すなわちそれは、支配集団の個人的身分制としての官位制＝衣冠制の制定と、征服地にたいする服属法にかかわる一連の法整備であって、それまで新羅を政治的に抑圧してきた高句麗を意識しながら、それを凌駕する支配体系の創出がめざされた

▼青銅製壺杅　一九四六年、新羅の王都であった慶州路西里の古墳から出土し、古墳はそれにちなみ壺杅塚と命名された。腹部の直径二四センチ、高さ一九・四センチ、底部の直径は一五センチ。

とみられるのである。

西嶋氏はこれまで述べてきたように、漢字、儒教、仏教、律令など中国文化の周辺諸国への波及には、中国王朝との冊封体制が介在した点をことのほか重視した。しかしながら、新羅の漢字文化や、「律令」にみられるごとく、周辺諸民族の中国文化の受容は、かならずしも中国王朝と周辺国との「二国間」関係ではとらえきれない。むしろ、中国文化の伝播の経路や定着といった問題に留意してみると、周辺諸民族相互間の関係が想像以上に大きな役割をはたしていることに気づかされる。

すでに述べたように、高句麗と新羅の場合、高句麗は新羅を「東夷」と位置づけ、政治的に従属させていた。『広開土王碑』によれば、新羅は高句麗の「属民」であり、「朝貢」が義務づけられていた。まさにこうした時代に新羅にもたらされた青銅製の壺杅▲が新羅の古墳から出土した。その底には、「乙卯年国／岡上広開／土地好太／王壺杅十」の銘文が鋳出されており、その文字は広開土王碑文に酷似する書体であった。乙卯年は、広開土王碑建立の翌年(四一五年)にあたり、広開土王の祭祀が高句麗王都で挙行されたさいに、新羅の高官に供与され新羅にもたらされたと推定される。高句麗の文字は権威の象徴として新羅へと誇示されたのである。

文字を刻んだ壺杅を賜与することで、高句麗王の権威のもとに世界を秩序化し組織しようとした姿がここにかいまみることができる。新羅の律令は、このように高句麗王権のもとで秩序化され組織された世界を、新羅王権の立場から新たに再編することがめざされたといえよう。

これまで高句麗と新羅との関係をつうじて、文字や律令の伝播と受容の過程をみてきたが、これによって周辺民族への中国文化の拡延と受容には、周辺諸民族相互間の政治関係が軽視できない位置をしめていたことが推察される。

こうした関係をもう少し具体的に展開すればつぎのようになるであろう。すなわち、すでに西嶋氏自身が指摘するように、冊封関係の設定とは、周辺諸民族の首長を中国王朝の国家秩序のなかに包含することによって、この秩序体系をその地域に拡延することであるから、冊封された首長たちは、その支配体制を自らも中国王朝に似せて整備しようとした。彼らは、中国から冊封を求めたのは、彼ら自身がその支配領域内において権威を確立しようとしただけでなく、

百済一斤銘鎔範《ようはん》　一斤の分銅をつくるための鋳型。裏面に「大王天下」の銘がある。百済末期の王都であった扶余郡旧衙里より出土。稚拙な文字で刻まれているが、百済時代に記されたものとすれば、「天下」は百済の華夷思想とかかわる可能性がある。

さらに彼らの周辺にたいしても支配的地位をえようとしたためでもあった。それゆえ、冊封関係が、中国と周辺首長との関係として設定されることによって、またこれらの首長とその周辺との関係として拡延されることになる。

　ちょうど太陽系の惑星が小惑星をもつように、冊封体制のなかに、小冊封体制が生じ、やがてその小冊封体制は自己を完結した世界であるかのような秩序を形成する。高句麗は、新羅をはじめ、周辺の諸民族を政治的に編成し、独自の秩序世界を構築したが、それによって文化の拡延がともなった。前章でみた新羅の漢字文化は、そのような過程での所産であった。

　周知のとおり古代日本でもまた、高句麗と同じように、蝦夷や隼人を夷狄とみなして自己を中心とした小世界を構想した。こうした小冊封体制は、それだけにとどまらず、新羅・百済・渤海をはじめ、十一世紀以降のヴェトナム諸王朝などにも確認されている。酒寄雅志《さかよりまさし》氏は、それらの秩序を成立させている「華夷思想」の実在を、高句麗・百済・新羅・渤海・日本・ヴェトナムにそくして明らかにしている。

　中国王朝の領域内における辺境への絶えざる同化作用(漢化)は、清王朝まで追求されるが、朝鮮・日本・ヴェトナムといった地域においても、支配集団が、華夷思想にもとづき独自に変容された漢字・儒教・仏教・律令を押し広げ、政治的支配を浸透させ、中央の文化を押しつけ同化を強いた。周辺諸国における小冊封体制とそれを裏づける華夷思想の伝播が、漢字文化圏の形成にはたした役割は決して小さくない。

脱中国化のための中国化

中国の周辺諸民族における中国文化の受容については、冊封体制からの視点だけでは不十分であり、中国文化を受容する側の主体的な契機についても留意する必要がある。受容する側の思惑があってはじめて、異なる文化の受容やその定着も可能になると考えられるからである。周辺諸民族が中国文化を積極的に受容するさいの、主体的な判断にもとづく、戦略的な選択についても眼を向けるべきであろう。そのような事例として穢族《わい》に注目してみたい。

穢族は、中国東北地方から朝鮮半島の日本海側一帯の山岳地帯に広く居住していた狩猟・漁労の民であった。彼らは、諸史料によると、紀元前二世紀から紀元後八世紀にいたるまで約千年にわたって存続したことが確認される。古来、狩猟・漁労によってえた物産を遠隔交易することで、その生業をなりたたせていた。

そのような彼らは、採取狩猟民として、土着の文化を濃厚に保持しながらも、いわゆる東夷諸民族のなかでも、極度に中国文化を受容していたことがみとめられる。三世紀においても、穢族の首長たちは漢代以来の官職をもち、同姓不婚の習俗を身につけ、漢代に高度に発達した占星術を熟知していた。また、楽《らく》浪《ろう》・帯方《たいほう》郡の郡県民と同様に税の負担がかせられていた。同時代の夫余《ふよ》・高句麗・三韓の首長たちが固有の首長号をもち、中国的な習俗の浸透がそれほどなかったことに比べると、穢族のありようは、きわだっている。

とりわけ注目されるのは穢族の同姓不婚の習俗である。そもそも周辺諸民族が中国的な姓をもつことは、中国王朝と交渉するうえで必須の要件であった。古代朝鮮の各王朝の姓称は、中国王朝との交渉が契機となっていた。たとえば、新羅の場合、その実態はなかったにもかかわらず、形式的に王妃族に別の姓をもうけ、同姓不婚の体裁を中国向けに整えるという行動が八世紀末以後にとられている。周辺諸民族による対中国通交には、中国文化への帰服という手続きをとらざるをえなかったのである。

穢族にみられる中国文化の過剰な受容と、土俗文化の混淆《こんこう》した文化状況は、彼らの生業に規定されていたものとみられる。彼らの空間的な移動こそが、文化・情報の移動を促進し、特異な文化状況を醸成したのであった。

穢族は漁労・狩猟を生業としており、そのために隣接する優勢な政治集団の保護を必要とした。中国文化の受容もまた、彼ら自身の自律性を保持するうえで必要であった。優勢な政治集団の権威と権力の下に服しながら、各種の特権をえることは、固有の生業を維持し、活動の自由を確保するうえで、切実な自己保存の条件であっただろう。それはまた相対的な自律性を獲得する戦略に由来するものであったとみられる。

このような穢族の中国化をとらえる視点と関連して興味深いのは、ヴェトナムの中国化が脱中国化をも意味していたとする桃木至朗氏の指摘である。

十世紀の独立当初、ヴェトナムは、統治原理などの面できわめて非中国的であり、中国支配下で植えつけられたはずの官僚制や儒教イデオロギーは、ほとんど機能していなかったという。こうしたヴェトナムが中国化する契機は、中国王朝の圧力に対抗するために、まず李朝(一〇一〇～一二二五年)において、男系長子相続を原則とする帝位継承システムがつくられた。また、地方勢力の連合体としての不安定な国家組織も中国の介入をまねく危険が大きかったので科挙官僚制による安定した統治体制がめざされた。

　ヴェトナムは中国に対抗して独立を維持するために自国を中国化するという矛盾にぶつかり、中国化と独立を両立させる論理が追求されたという。そのために陳朝(一二二五～一四〇〇)以降のヴェトナムでは、漢字で書かれた正史や漢詩文など「中国に負けないもの」をつくる努力をする一方で、漢字を改造したチュノム文字▲のように「中国のようで中国でないもの」や、法律・土地制度のように「中国的枠組みのなかに東南アジア性を巧みに盛り込んだもの」が創造されたという。

　朝鮮半島や、インドシナ半島のヴェトナム地域は、歴史的にも中国の政治的圧力が継続的にくわえられた地域である。そのような圧力に抗しながら、政治的独立を守ってきたことで共通している。

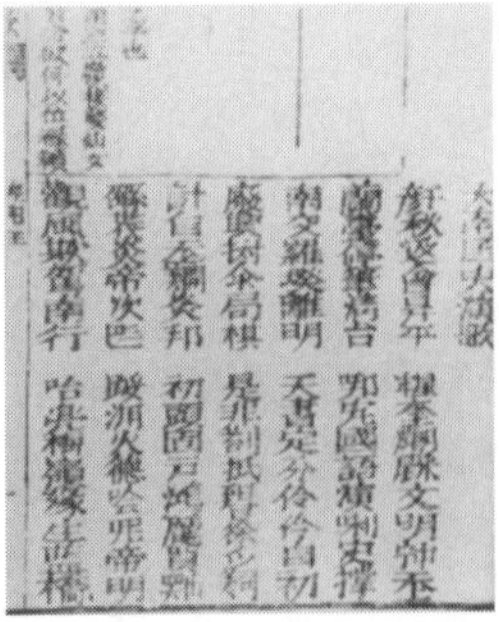

▼チュノム(字喃)　ヴェトナム語表記のために借用された漢字、またはそれを変形した文字。漢字の字形を素材に、仮借・会意・形声といった構成法を使って、ヴェトナム語表記に適すよう改変している。チュノムの起源は十三世紀に求めることができるが、その興隆は十八～十九世紀であった。

中国文化圏における一見、過度の中国化、中国文化の共有とみえてしまうもののなかにも、精妙な差異化の戦略が潜んでいるのである。それは、影響力の強い文化のもとで生きる少数民族が、積極的にその文化を受容しながらも、そこに似て非なる差異化を生みだすことによって、政治的圧力をかわし、既存の文化や政治体制を保全する戦略につうじるものがある。こうした立場からみれば、東アジア文化圏における文化の表面的な共通性を論じてもあまり意味のないことが理解されるであろう。

東アジア世界論の立場から東アジア文化圏の形成を論じるさいには、中国側からの政治力が重視されてきた。中国文化を受容する側の主体的条件については、せいぜい初期段階における政治的・文化的な成熟の度合いのみが強調されるに過ぎなかった。今までにみてきたように、自己保存のための主体的な戦略という側面から周辺民族の中国化をみることは、中国文化の定着を解く鍵になるであろう。

一国史の枠組みを越えて

もともと西嶋定生氏の冊封体制論、東アジア世界論は、戦前の体制下で独善的に特異化された日本史を克服し、あらためて世界史の文脈のなかで日本史を理解しようとする意欲的な試みであり、そのための理論であった。いかにして世界史的見地に立つ日本史の理解は可能であるのか、そして日本の歴史を中国の歴史、朝鮮の歴史、ヴェトナムの歴史と一体化させて理解すること、日本文化の形成とその発展の過程を東アジア世界の一環として理解することがめざされた。

このような西嶋氏の東アジア世界論にたいして、最近なされた村井章介《むらいしょうすけ》氏の批判的検討に注目される。すなわち、戦後の歴史学において、日本史を「一国史」の枠組みから解き放とうとする試みは、「東アジア世界」を合言葉におこなわれてきたけれども、それでは「一国史」の非歴史性を打ち破るために、東アジア世界論はどの程度有効な視点を提供できただろうかと、村井氏は問うている。そこでいう「一国史」とは、国民国家を理念上の構成員とする現代国際社会において支配的な、国益をあらゆる価値に優先させる思考を、歴史に投影したものをさしており、この立場からは、国民国家の成立にいたるあらゆる歴史を、近代国家の枠組みに押し込めて理解しようとする傾向が生じると指摘する。

また、戦後歴史学において、東アジア世界論が大きなインパクトを与えた分野とは、幕末維新史と古代国家成立史とであり、日本列島上に展開した国家の歴史のうえで、この二つの時期こそ東アジア世界が論議された主要な場であったこと、そして前者が遠山茂樹《とおやましげき》氏によって、後者が西嶋定生氏によって主唱されたことなどが跡づけられている。さらに前者が、国家を越えた「地域」(東アジア)という場を歴史の舞台として設定しながら、そこに登場する役者は国家であることに変わりなく、また「一国史」の統一性は揺らいでおらず、「地域」といってもいくつかの国家の単純な集合に過ぎないと批判する。

村井氏の批判的視角から、「一国史の非歴史性」を克服するための地域史の枠組みとして、あらためて西嶋氏の東アジア世界論の有効性を検証すると、どうなるであろうか。東アジア世界論にかんする西嶋氏の著作をみるかぎり、西嶋氏自身には当初より、一国史を克服するというような問題意識は稀薄である。むしろ、西嶋氏の東アジア世界論には、村井氏のいう「一国史の非歴史性」の克服は、発想の次元にもなく、当然のことながら克服すべき課題ともなっていないように思われる。

たとえば、西嶋氏の著作のなかにおいて古代から現代にわたって縦横無尽に使用される「わが国の文化」「日本独自の文化」「日本固有の文化」「独自の民族文化」「日本文化の個性的性格」「日本独自の創造物」などといった用語に戸惑いを禁じえない。いうまでもなく、それらは近代日本において、仮想された「西洋」のまなざしのなかで発見され、創造されたものであった。

ひるがえってみるに、東アジア世界論とは、徹頭徹尾「日本史」の問題であった。東アジア世界論においては、日本の古代国家の形成・成立過程、日本語と書記体系としての漢字の受容、日本文化の独自性といった諸問題が、「中国」「中国文化」との対照によって論じられているが、このような文脈での「中国」「日本」とは、近代の国民共同体が、対他かつ対自的に自己を構想する図式そのものである。そこでは国民としての日本人や中国人が前提とされており、それらを非歴史的に、過去に投射していることになる。

韓国の学界においては、東アジア世界論は、ほとんど一般化していないだけでなく、日本という要素が強調され過ぎていることから、枠組みそのものにたいする不信感と警戒心が想像以上に大きい。最初にも述べたように、韓国の研究者から、東アジア文化圏と戦前の大東亜共栄圏とは、どこがどのように違うのかというような問いや、ふたたびかつての「満鮮一体論」「日韓一域論」のように、東アジア世界のなかに韓国史、韓国文化を埋没させるのではないかという危惧の声を、しばしば聞かされる。東アジア世界論には、こうした反応をまねきよせる本質が内在しているとみなければなるまい。世界が一体化する以前の諸世界のひとつである東アジア世界を論じながら、近代にいたり「一体化した世界」が生みだした国民国家の枠組みが東アジア世界論にもちこまれていると感じるからこそ、それと同レベルでの民族(国民)的な反発をまねくのであろう。

さきに指摘したとおり、東アジア世界論の構想は、上原専禄氏の提起した「現在(一九五〇年代)の日本の直面している危機」に向き合うことに起源する。とすれば、東アジア世界論とは、この理論が胚胎《はいたい》し誕生した当時における日本と世界という現実的な課題に密接不可分にかかわっているのであって、こうした当時の歴史的背景を無視して、現在においてそのまま、東アジア世界論を一国史を越える枠組みとして、安易に読みかえることはできない。

当時、東アジア文化圏を語ることは、国家・民族の独立を求める実践的政治課題にかかわっていた。しかしながら加速度的に激変してきた四〇年の歳月を経て、なお同一の課題のもとに東アジア文化圏を語ることは、もはやできないであろう。いま東アジア文化圏の形成を語ることがいったいどのような意味をもつのか、を考えない「東アジア文化圏の形成」などありえないのである。

参考文献

青木和夫他『律令国家論』(シンポジウム日本歴史四) 学生社　一九七二年
池田温『古代を考える　唐と日本』吉川弘文館　一九九二年
池端雪浦編『変わる東南アジア史像』山川出版社　一九九四年
石母田正『戦後歴史学の思想』法政大学出版局　一九七七年
石母田正『日本の古代国家』岩波書店　一九七一年
伊藤亜人『もっと知りたい　韓国』(一・二) 弘文堂　一九九七年
井上光貞・西嶋定生・甘粕健・武田幸男編『東アジア世界における日本古代史講座』(全一〇巻) 学生社　一九八〇年
上原専禄「歴史研究の思想と実践」『歴史地理教育』一〇二　一九六四年十一月
上原専禄『世界史における現代のアジア』未来社　一九六一年
上原専禄編『日本国民の世界史』岩波書店　一九六〇年
幼方直吉・遠山茂樹・田中正俊編『歴史像再構成の課題』御茶の水書房　一九六六年
尾形勇『東アジアの世界帝国』(ビジュアル版世界の歴史八) 講談社　一九八五年
河世鳳「戦後日本のアジア的視座を読む」『思想』八九九　一九九九年五月
金子修一『隋唐の国際秩序と東アジア』名著刊行会　二〇〇一年
河上洋「渤海の東京と二仏並座像」『仏教史学研究』三五―二　一九九二年十一月

鬼頭清明『日本古代国家の形成と東アジア』校倉書房　一九七六年

金文京『漢文と東アジア――訓読の文化圏』岩波書店　二〇一〇年

栗原朋信『秦漢史の研究』吉川弘文館　一九六〇年

栗原朋信『上代日本対外関係の研究』吉川弘文館　一九七八年

神野志隆光「文字とことば・『日本語』として書くこと」『万葉集研究』二一　一九九七年

酒寄雅志「華夷思想の諸相」荒野泰典・石井正敏・村井章介編『アジアのなかの日本史V　自意識と相互理解』東京大学出版会　一九九三年

桜井由躬雄編『もっと知りたい　ベトナム』弘文堂　一九九五年

鈴木靖民『古代対外関係史研究』吉川弘文館　一九八五年

高崎直道・木村清孝編『東アジア仏教とは何か』（シリーズ・東アジア仏教一）春秋社　一九九五年

武田幸男『新羅中古期の史的研究』勉誠出版　二〇二〇年

武田幸男『高句麗史と東アジア』岩波書店　一九八九年

武田幸男編『朝鮮社会の史的展開と東アジア』山川出版社　一九九七年

田中俊明『大加耶連盟の興亡と「任那」』吉川弘文館　一九九二年

田村圓澄『古代朝鮮仏教と日本仏教』吉川弘文館　一九八〇年

田村晃一・鈴木靖民編『新版　古代の日本二　アジアからみた古代日本』角川書店　一九九二年

唐代史研究会編『隋唐帝国と東アジア』汲古書院　一九七九年

礪波護・武田幸男『世界の歴史六　随唐帝国と古代朝鮮』中央公論社　一九九七年
中見立夫「地域概念の政治性」溝口雄三・濱下武志・平石直昭・宮嶋博史編『交錯するアジア』（アジアから考える一）東京大学出版会　一九九三年
西嶋定生「八年間のゼミナール」『図書』一九六〇年十月
西嶋定生『古代東アジア世界と日本』岩波書店　二〇〇〇年
西嶋定生『日本歴史の国際環境』東京大学出版会　一九八五年
西嶋定生『中国史を学ぶということ』吉川弘文館　一九九五年
西嶋定生「世界史像について」『岩波講座世界歴史二五　月報三』一九九七年十二月
旗田巍『日本人の朝鮮観』勁草書房　一九六九年
濱下武志『朝貢システムと近代アジア』岩波書店　一九九七年
濱下武志編『東アジア世界の地域ネットワーク』山川出版社　一九九九年
平川南「屋代遺跡群木簡のひろがり——古代中国・韓国資料との関連」『信濃』五九〇　一九九九年三月
平野邦雄「日・朝・中三国関係論についての覚え書」『東京女子大学附属比較文化研究所紀要』四一　一九八〇年一月
深津行徳「台湾故宮博物院所蔵『梁職貢図』模本について」『学習院大学東洋文化研究所調査報告』四四　一九九九年三月
古田元夫『ベトナムの世界史』東京大学出版会　一九九五年
堀敏一『中国と古代東アジア世界』岩波書店　一九九三年
堀敏一『東アジアのなかの古代日本』研文出版　一九九八年

堀敏一『律令制と東アジア世界』汲古書院　一九九四年
村井章介「〈地域〉と国家の視点」『新しい歴史学のために』二三〇・二三一合　一九九八年七月
木簡学会編『木簡から古代がみえる』岩波書店　二〇一〇年
桃木至朗「『中国化』と『脱中国化』」大峯顕他編『地域のロゴス』世界思想社　一九九三年
桃木至朗『歴史世界としての東南アジア』（世界史リブレット一二）山川出版社　一九九六年
山内晋次「日本古代史研究からみた東アジア世界論」『新しい歴史学のために』二三〇・二三一合　一九九八年七月
山尾幸久「前後歴史学の古代東アジア史認識」『戦後価値の再検討』有斐閣　一九八六年
山口瑞鳳『チベット』上・下　東京大学出版会　一九八七・八八年
吉田孝『律令国家と古代社会』岩波書店　一九八三年
李基白「三国時代仏教受容の実際」『百済研究』二九　韓国大田市　一九九九年
李成市『闘争の場としての古代史――東アジア史のゆくえ』岩波書店　二〇一八年
李成市『古代東アジアの民族と国家』岩波書店　一九九八年
李成市「東アジア世界論と日本史」『岩波講座日本歴史二二』二〇一六年二月

図版出典一覧

石川県立歴史博物館「波濤をこえて　古代・中世の東アジア交流」1996	11上右
韓国国立中央博物館『特別展　百済』通天文化社　ソウル　1999	カバー裏,11上左,52,55上,76
高敬姫『雁鴨池』テウォン社　ソウル　1989	61
故宮博物院編集委員会編『故宮書画図録　15巻』国立故宮博物院　1996	55下
国立公州博物館編「公州博物館図録」三和出版社　ソウル特別市　1992	53
国立昌原文化財研究所編「学術調査報告第5集　咸安城山山城」1998	67上右，上左
釜山広域市立博物館福泉分館『特別展　遺物に刻まれた古代文字』釜山広域市立博物館福泉分館　釜山　1997	69,74
小嶋芳孝撮影	43
重枝豊撮影	9
世界文化フォト	11下
東京国立博物館	扉,18
唐招提寺	31下
C.P.C.	カバー表,7,14下
当社所蔵	25右,左,47右,左,80
著者撮影	54,58,60,63,67下,71,73

世界史リブレット❼
東《ひがし》アジア文化圏《ぶんかけん》の形成《けいせい》
2000年3月10日　1版1刷発行
2022年1月31日　1版11刷発行
著者：李《り》 成市《そんし》
発行者：野澤武史
装幀者：菊地信義
発行所：株式会社 山川出版社
〒101-0047　東京都千代田区内神田1-13-13
電話　03-3293-8131(営業) 8134(編集)
https://www.yamakawa.co.jp/
振替 00120-9-43993
印刷所：明和印刷株式会社
製本所：株式会社 ブロケード
 ISBN978-4-634-34070-1

世界史リブレット　第Ⅰ期［全56巻］

〈すべて既刊〉

1 都市国家の誕生
2 ポリス社会に生きる
3 古代ローマの市民社会
4 マニ教とゾロアスター教
5 ヒンドゥー教とインド社会
6 秦漢帝国へのアプローチ
7 東アジア文化圏の形成
8 中国の都市空間を読む
9 科挙と官僚制
10 西域文書からみた中国史
11 内陸アジア史の展開
12 歴史世界としての東南アジア
13 東アジアの「近世」
14 アフリカ史の意味
15 イスラームのとらえ方
16 イスラームの都市世界
17 イスラームの生活と技術
18 浴場から見たイスラーム文化
19 オスマン帝国の時代
20 中世の異端者たち
21 修道院にみるヨーロッパの心
22 東欧世界の成立
23 中世ヨーロッパの都市世界
24 中世ヨーロッパの農村世界
25 海の道と東西の出会い
26 ラテンアメリカの歴史
27 宗教改革とその時代
28 ルネサンス文化と科学
29 主権国家体制の成立
30 ハプスブルク帝国
31 宮廷文化と民衆文化
32 大陸国家アメリカの展開
33 フランス革命の社会史
34 ジェントルマンと科学
35 国民国家とナショナリズム
36 植物と市民の文化
37 イスラーム世界の危機と改革
38 イギリス支配とインド社会
39 東南アジアの中国人社会
40 帝国主義と世界の一体化
41 変容する近代東アジアの国際秩序
42 アジアのナショナリズム
43 朝鮮の近代
44 日本のアジア侵略
45 バルカンの民族主義
46 世紀末とベル・エポックの文化
47 二つの世界大戦
48 大衆消費社会の登場
49 ナチズムの時代
50 歴史としての核時代
51 現代中国政治を読む
52 中東和平への道
53 世界史のなかのマイノリティ
54 国際体制の展開
55 国際経済体制の再建から多極化へ
56 南北・南南問題

世界史リブレット　第Ⅱ期［全36巻］

〈すべて既刊〉

57 歴史意識の芽生えと歴史記述の始まり
58 ヨーロッパとイスラーム世界
59 スペインのユダヤ人
60 サハラが結ぶ南北交流
61 中国史のなかの諸民族
62 オアシス国家とキャラヴァン交易
63 中国の海商と海賊
64 ヨーロッパからみた太平洋
65 太平天国にみる異文化受容
66 日本人のアジア認識
67 朝鮮からみた華夷思想
68 東アジアの儒教と礼
69 現代イスラーム思想の源流
70 中央アジアのイスラーム
71 インドのヒンドゥーとムスリム
72 東南アジアの建国神話
73 地中海世界の都市と住居
74 啓蒙都市ウィーン
75 ドイツの労働者住宅
76 イスラームの美術工芸
77 バロック美術の成立
78 ファシズムと文化
79 オスマン帝国の近代と海軍
80 ヨーロッパの傭兵
81 近代技術と社会
82 近代医学の光と影
83 東ユーラシアの生態環境史
84 東南アジアの農村社会
85 イスラーム農書の世界
86 インド社会とカースト
87 中国史のなかの家族
88 啓蒙の世紀と文明観
89 女と男と子どもの近代
90 タバコが語る世界史
91 アメリカ史のなかの人種
92 歴史のなかのソ連